H H

Bibliografische Information Der Deutschen Nationalbibliothek
Die Deutsche Nationalbibliothek verzeichnet diese Publikation
in der Deutschen Nationalbibliografie; detaillierte
bibliografische Daten sind im Internet über
http://dnb.ddb.de abrufbar.

Tobias Endler
Demokratie und Streit.
Der Diskurs der Progressiven in den USA: Vorbild für Deutschland?
Schriften zur Rettung des öffentlichen Diskurses, 10
Köln: Halem, 2022

Alle Rechte, insbesondere das Recht der Vervielfältigung
und Verbreitung sowie der Übersetzung, vorbehalten.
Kein Teil des Werkes darf in irgendeiner Form (durch
Fotokopie, Mikrofilm oder ein anderes Verfahren)
ohne schriftliche Genehmigung des Verlages reproduziert
oder unter Verwendung elektronischer Systeme
(inkl. Online-Netzwerken) gespeichert, verarbeitet,
vervielfältigt oder verbreitet werden.

http://www.halem-verlag.de

© Copyright Herbert von Halem Verlag 2022

Print: ISBN 978-3-86962-645-1
E-Book (PDF): ISBN 978-3-86962-646-8
E-Book (EPUB): ISBN 978-3-86962-647-5

ISSN 2699-5832

UMSCHLAGGESTALTUNG: Claudia Ott, Düsseldorf
UMSCHLAGFOTO: Bearbeitung unter Verwendung von: Kerwin Elias/unsplash
FRONTISPIZ: *The Last of the Spirits*, 1843 (picture alliance / Mary Evans Picture Library)
LEKTORAT: Rabea Wolf
SATZ: Herbert von Halem Verlag
DRUCK: docupoint GmbH, Magdeburg
Copyright Lexicon © 1992 by The Enschedé Font Foundery.
Lexicon ® is a Registered Trademark of The Enschedé Font Foundery.

Schriften zur Rettung des öffentlichen Diskurses

Tobias Endler

Demokratie und Streit

Der Diskurs der Progressiven in den USA:
Vorbild für Deutschland?

HERBERT VON HALEM VERLAG

Die Reihe *Schriften zur Rettung des öffentlichen Diskurses*

Warum ist der Lager übergreifende öffentlich-demokratische Diskurs gefährdet, ja geradezu ›kaputt‹? Weshalb ist der öffentliche Wettbewerb auf dem Marktplatz der Ideen ins Stocken geraten? Und welche Rolle spielen dabei Digitalisierung und Algorithmen, aber auch Bildung und Erziehung sowie eskalierende Shitstorms und – auf der Gegenseite – Schweigespiralen bis hin zu Sprech- und Denkverboten?

Die Reihe *Schriften zur Rettung des öffentlichen Diskurses* stellt diese Fragen, denn wir brauchen Beiträge und Theorien des gelingenden oder misslingenden Diskurses, die auch in Form von ›Pro & Contra‹ als konkurrierende Theoriealternativen präsentiert werden können. Zugleich gilt es, an der Kommunikationspraxis zu feilen – und an konkreten empirischen Beispielen zu belegen, dass und weshalb durch gezielte Desinformation ein ›Realitätsvakuum‹ und statt eines zielführenden Diskurses eine von Fake News und Emotionen getragene ›Diskurssimulation‹ entstehen kann. Ferner gilt es, Erklärungen dafür zu finden, warum es heute auch unter Bedingungen von Presse- und Meinungsfreiheit möglich ist, dass täglich regierungsoffiziell desinformiert wird und sich letztlich in der politischen Arena kaum noch ein faktenbasierter und ›rationaler‹ Interessensausgleich herbeiführen lässt. Auf solche Fragen Antworten zu suchen, ist Ziel unserer Buchreihe.

Diese Reihe wird herausgegeben von Stephan Russ-Mohl, emeritierter Professor für Journalistik und Medienmanagement an der Università della Svizzera italiana in Lugano/Schweiz und Gründer des *European Journalism Observatory*.

The Last of the Spirits, 1843

Inhaltsverzeichnis

**TEIL I
ZEITENWENDE.
WARUM DEMOKRATISCHER STREIT WICHTIG IST –
UND WAS IM WESTEN AUF DEM SPIEL STEHT**   11

**TEIL II
NEUE BRÜCKEN ÜBER DEN ATLANTIK.
PROGRESSIVER DISKURS IN DEN USA UND BEI UNS**   59

1. Ein Blick zurück und ein Blick nach Westen.
   Amerikanischer Progressivismus als Inspiration   61

2. Populismus hat viele Gesichter   72

3. Out of the box: Linkes Denken in den USA   88

4. Bürger als Demokraten.
   Die engagierte Zivilgesellschaft   101

5. Denker und Macher.
   Institutionen und der öffentliche Diskurs   113

6. Der Stärkere gewinnt…?
   Der mediale öffentliche Diskurs — 125

7. Rund um den Elfenbeinturm.
   Wie Public Intellectuals neue Ideen
   in den Diskurs bringen — 154

8. Copy-and-paste ist keine Lösung.
   Wie lässt sich der US-Diskurs für Deutschland nutzen? — 167

**TEIL III
BÄUME PFLANZEN.
PROGRESSIVER DISKURS IN DER PRAXIS:
RISIKEN UND CHANCEN** — 175

Literatur — 198

»In real life, I assure you,
there is no such thing as algebra.«
Fran Lebowitz

»I am not an optimist.
I'm a very serious possibilist.«
Hans Rosling

TEIL I
ZEITENWENDE.
WARUM DEMOKRATISCHER STREIT WICHTIG IST – UND WAS IM WESTEN AUF DEM SPIEL STEHT

In Charles Dickens' *Weihnachtsgeschichte* erlebt der chronisch schlecht gelaunte Geizhals Ebenezer Scrooge ein Weihnachtsfest, das er nie mehr vergessen wird. Drei Nächte nacheinander erhält er in seinem Londoner Zuhause Besuch von Gespenstern. Die ungebetenen Besucher sind »der Geist der vergangenen Weihnacht«, »der Geist der diesjährigen Weihnacht« und »der Geist der zukünftigen Weihnacht«.[1] Jeder von ihnen nimmt den alten Ebenezer mit auf eine nächtliche Reise. Zunächst geht es mit dem *Ghost of Christmas Past* zurück in seine Kindheit und Jugend. Ebenezer taucht noch einmal in seine Schul- und Lehrzeit ein und trifft auch seine Jugendliebe Belle wieder, die ihn einst verließ, weil er sie und alle anderen Menschen wegen seiner Geldgier völlig aus den Augen verloren hatte.

---

1 Alle im Buch angeführten Zitate entweder aus deutschsprachigen Quellen oder meine Übersetzungen aus dem Original, sofern nicht anders angegeben. Für eine Auswahl zur verwandten Literatur, siehe den Anhang am Ende dieses Buches. Ich verwende zudem im Buch aus Gründen der Lesbarkeit die männliche Form, meine aber stets – falls nicht anders angegeben – nicht nur das männliche Geschlecht.

Während Ebenezer noch voller Reue über die vergebenen Chancen diese Eindrücke verarbeitet, führt ihn der *Ghost of Christmas Present* in der zweiten Nacht durch das London der Gegenwart. Überall sind Festlichkeiten im Gange, es geht zunächst fröhlich zu und Ebenezer wähnt sich im Glück. Doch gegen Ende der Fahrt macht er die Bekanntschaft der beiden halbverhungerten Kinder Unwissenheit und Not und ihm wird klar, wieviel Elend sich gleich unter der glitzernden Oberfläche der Welt verbirgt. In der dritten Nacht schließlich ist Ebenezers Begleiter der *Ghost of Christmas Yet to Come*. Dieser führt ihm auf drastische Weise eine zukünftige Welt vor Augen, von der Ebenezer erst spät begreift, dass sie sein eigenes restliches Leben bis zum Grab darstellt. Der Schock darüber, dass seine Mitmenschen über seinen Tod geradezu erleichtert sind und sich allenfalls für seine Reichtümer, nicht aber für ihn interessieren, sitzt tief. Ebenezer bittet den unheimlichen Besucher aus der Zukunft verzweifelt um eine zweite Chance. Er will sein Leben ab sofort ändern, um einen anderen Verlauf der Dinge möglich zu machen. Und tatsächlich bekommt er diese Chance. Fortan arbeitet er jeden Tag daran, sich und die Welt ein Stück zu verbessern – und bewirkt damit genau das.

Es ist leicht, Dickens' Erzählung als Kindergeschichte abzutun, dabei war sie nie für Kinder gedacht. Sie ist eine Warnung, die der berühmte englische Autor an die Gesellschaft seiner Zeit richtete: Wisst das Erreichte wertzuschätzen und dabei realistisch einzuordnen, lernt aus den Fehlern der Vergangenheit, und arbeitet jeden Tag an der bestmöglichen Zukunft. »Die Wege der Menschen deuten ein bestimmtes Ende voraus, auf das sie hinführen, wenn man auf ihnen beharrt. Aber wenn man von den Wegen abweicht, ändert sich auch das Ende«, erkennt Ebenezer in Dickens' Text von 1843, und ohne Zweifel ist diese Erkenntnis auch beinahe 180 Jahre später noch wertvoll. Sie trifft zu, wenn man im Allgemeinen den Zustand moderner Gesellschaften, insbesondere in Deutschland und den USA, betrachtet. Und sie ist ein wertvoller Ratschlag, wenn man im Besonderen den öffentlichen Diskurs in diesen Gesellschaften in den Blick nimmt. Fraglos durchleben wir in den westlichen Demokratien der 2020er-Jahre eine Zeitenwende. Es liegt an uns, ob wir diese entscheidende Phase selbst gestalten oder uns in das Schicksal fügen, das die Feinde der Demokratie im Inneren wie Äußeren ihr zugedacht haben. Die Form, welche der öffentliche Diskurs in der Demokratie einnimmt, ist hierfür von entscheidender Bedeutung. Idealerweise reflektiert diese Form hierzulande das enorme Potenzial transatlantischer Inspiration. Gleichzeitig – und das ist möglich – kann sie ihre ganz spezifische Textur ausprägen, von der wir in Deutschland maximal profitieren. Eine große Chance, die allerdings eines verlangt: sie jetzt zu ergreifen.

Warum das Buch jetzt?

Das Gesetz der Unvermeidlichkeit besagt, dass jede Handlung eine Konsequenz hat. Werfe ich eine Münze in die Luft, wird sie auf der Wappenseite oder Zahlseite landen. Wirke ich – im Rahmen meiner bescheidenen, aber realen Möglichkeiten – auf den öffentlichen Diskurs ein, hat dies einen Effekt. Tue ich es nicht, wird es jemand anderes an meiner Stelle tun. Bringen wir uns als Gemeinschaft jetzt nicht ein, jeder und jede auf seine und ihre Weise, entwickelt sich der Diskurs ohne unser Zutun fort.

Insofern gilt es das begrenzte Zeitfenster der Gelegenheit zu nutzen, das sich uns momentan bietet. Deutschland hat im Herbst 2021 eine neue Regierung gewählt. Die Ministerien sind besetzt, die großen innenpolitischen Linien abgesteckt, während die außenpolitischen im Rahmen der selbsterklärten ›Zeitenwende‹ neu gezogen werden (müssen). In den USA stehen im Spätherbst 2022 Zwischenwahlen an, dieser Zeitpunkt markiert zudem bereits die Halbzeit für Joe Bidens Präsidentschaft. Ab Jahresbeginn 2023 befindet sich Amerika erneut im Wahlkampf. Alle Blicke, inklusive die des Amtsinhabers, richten sich dann auf die Präsidentschaftswahlen 2024. In der EU wird ebenfalls 2024 gewählt. Frankreich hat seine jüngste Wahl gerade hinter sich; bei den Briten kann man sich nie vor dem nächsten Urnengang sicher wähnen. Deutschland hat also, Stand heute, ein Zeitfenster von maximal zwei Jahren zwischen Herbst 2022 und Herbst 2024, um sich über sein zeitgemäßes Selbstverständnis als Nation klarzuwerden. Darüber, wie wir als transparente, inklusive und vitale Demokratie leben wollen. Und damit über die Frage, wie wehrhaft wir sind, wie bereit, diesen freiheitlichen Lebens- und Gesellschaftsentwurf gegen Aggressionen von innen und außen zu verteidigen. Spätestens nach dieser Frist werden die Karten in der größten Demokratie der westlichen Hemisphäre, den USA, neu gemischt. Die dortigen Veränderungen wie die Entwicklungen bei unseren europäischen Nachbarn ringsherum werden sich auch bei uns auswirken. Zu diesem Zeitpunkt sollten wir die Findungsphase hinter uns gelassen haben. Und einen klaren Kompass dafür besitzen, was genau öffentlicher Diskurs für uns heute darstellt.

So lautete der Plan zum Jahresende 2021, basierend auf der Annahme, dass die Dinge im Großen und Ganzen ihren üblichen Verlauf nehmen würden. Doch Russlands Präsident Putin macht diesen Plan schon im Februar 2022 mit aller Brutalität zunichte, als er die Ukraine mit Krieg überzieht. Schneller und umfassender als wir erwartet hatten, zwingt uns sein autoritäres Regime, Position zu beziehen: das heißt, die eigene Rolle als Demokratie des Westens zu definieren, aber auch anderen zur Seite zu stehen. Es heißt ebenso sehr: sich der Stärken und Schwächen des öffentlichen Diskurses bei uns bewusst zu werden, dafür Sorge zu tragen, den Begriff ›Demokratie‹ mit neuem Leben zu füllen. Also mit der Sinnhaftigkeit elementarer Fragen zu unserem Selbstverständnis als moderne Nation im Herzen Europas, statt mit Scheindebatten, die Engagement suggerieren, letztlich aber nur Selbstbespiegelung sind.

Das Tempo der Geschehnisse hat sich scheinbar schlagartig erhöht. Tatsächlich haben wir uns allzu lange der Illusion einer Welt in Zeitlupe hingegeben. Ehrlicherweise hatten sich viele von uns bequem in der Annahme eingerichtet, dass die globale Lage der Dinge im Jetzt-Zustand verbleiben und daher nur mehr wenig unserer Aufmerksamkeit bedürfen würde. Und so hat Deutschland im Verlauf der letzten Jahre selbstbezogenen Befindlichkeitserörterungen übermäßigen Anteil eingeräumt. Darüber ist die Gefahr fundamentaler Angriffe auf die Demokratie aus dem Blick geraten; das hieß jedoch nie, dass der Kreml nicht gezielt an der Schwächung demokratischer Systeme weitergearbeitet hätte. Im Osten ist zudem in Gestalt von China eine Alternative entstanden, die auch Westler anzieht: in erster Linie, aber nicht nur, diejenigen, welche von einer wirtschaftlich erfolgreichen Existenz träumen und vor allem Politischen ihre Ruhe haben wollen.

Während die Brutalität des russischen Vorgehens erschreckend ist, sollten wir die Kompromisslosigkeit chinesischer Ambitionen keinesfalls unterschätzen. Moskau und Peking, wenn auch auf unterschiedliche Weise, legen es darauf an, das »Ende der Geschichte« umzuschreiben, um die triumphale Hegel'sche Formulierung aufzugreifen, die Francis Fukuyama Anfang der 1990er-Jahre vorschnell mit dem Sieg liberaler Demokratien verknüpft hatte. Dabei ist diese ideologische Schlacht um Vorherrschaft bis heute nicht entschieden; wir dürfen davor in Deutschland nicht die Augen verschließen. Unser Land nimmt sich zwischen den Giganten Russland, China und USA vergleichsweise klein aus, doch entscheidet sich der Machtkampf zwischen Demokratie und Autokratie eben gerade nicht nur militärisch. Es kommt entscheidend auf die innere Verfasstheit westlicher Demokratien an. Und damit auf die Frage, wie stabil, wie modern, wie originell und wie kreativ sich der öffentliche Diskurs in diesen Demokratien präsentiert, mit anderen Worten: wie gewappnet für die turbulenten 2020er-Jahre dieses Jahrhunderts.

Die Debatte über die deutsche Verantwortung und Gestaltungskraft in der Welt ist eine gesamtgesellschaftliche und damit ein zentraler Teil des öffentlichen Diskurses. Er geht uns alle an. Um hier und anderswo zu sinnhaften, allgemein akzeptablen Positionen zu kommen, ist eine demokratische Streitkultur vonnöten, die über das bisherige Level hinausgeht. Dann können die deutschen Bürger und ihre in Verantwortung gewählten Repräsentanten das erste Fünftel des 21. Jahrhunderts konsequent auf wichtige Lektionen hin untersuchen. Und, noch wichtiger: einen Plan für die anderen vier Fünftel entwerfen. Was hat sich bewährt, was sollten wir modifizieren oder gänzlich anders angehen? Welche Inspiration oder Abschreckung bedeuten Entwicklungen in anderen Demokratien des Westens, allen voran die USA, für uns? Ein konstruktiver öffentlicher Diskurs zu diesen Fragen macht uns zu aktiven Mitgestaltern. Wir sind dann nicht mehr länger ein passiver Empfänger oder gar nur Spielball der Ereignisse. Beide Rollen sind der Bedeutung Deutschlands im europäischen Kontext nicht angemessen, geschweige denn weltweit.

Verschieben wir die – zugegebenermaßen anstrengende – Restaurierung des öffentlichen Diskurses, könnte das gesamte Gebäude einer (nicht einmal mehr vermeintlich so) starken Demokratie in sich zusammenfallen. Zumindest fände sich wohl früher oder später jemand, der ähnlich wie Trump in den USA ernsthaften Schaden an den Grundfesten anrichten kann. Und zwar von innen. Dort, wo es in der wohlhabendsten Industrienation und ältesten Demokratie der Welt niemand wirklich erwartet hätte. Womöglich droht hier auch in Deutschland die größere Gefahr, sind Putin und Xi Jinping doch immerhin als Feinde der Demokratie ›von außen‹ für uns leicht zuzuordnen. In Deutschland hat es bisher kein erklärter Antipolitiker und Demokratiefeind an die Spitze geschafft. Nicht weil dies bei uns unvorstellbar wäre, sondern auch weil wir angesichts des bis 2016

Unvorstellbaren in den USA wachsamer geworden sind. Es gibt also einen unverkennbaren Handlungsdruck. Allerdings dürfen wir bloße Effizienz nicht mit echter Effektivität verwechseln: Im Ferrari kann ich auf freier Autobahn sehr viel Strecke in kürzester Zeit zurücklegen; wenn mein Ziel dabei Berlin ist, ich aber in Richtung Freiburg fahre, tue ich mir keinen Gefallen.

Die russische Invasion der Ukraine konfrontiert ganz Europa mit dem Schock eines globalpolitischen Erdbebens. Sogar traditionell auf Mäßigung bedachte hiesige Spitzenpolitiker sprechen plötzlich von einer ›Zeitenwende‹ in der deutschen Außenpolitik, die nun anstehe. Das klingt nach Initiative, doch faktisch sind wir angesichts des russischen Auftretens Getriebene in Sachen Identitätsfindung. (Hiervon legen die beiden offenen Briefe in der *Emma* und der *Zeit* im Mai 2022 Zeugnis ab.) Das wäre vermeidbar gewesen, wären wir im öffentlichen Diskurs der Nation früher ehrlich gegenüber uns selbst gewesen, was Deutschlands Rolle in der Welt des 21. Jahrhunderts betrifft. Fairerweise muss man an dieser Stelle anmerken, dass die Nation im Verlauf des letzten Jahrzehnts mit zahlreichen innenpolitischen, genauer: innergesellschaftlichen Herausforderungen beschäftigt war. Nicht immer blieb der nötige Reflexionsraum für globalpolitische Fragestellungen. Beispielsweise hat Deutschland viel gedankliche Kraft auf den Aufstieg der AfD innerhalb weniger Jahre von einer verwirrten Gruppe politischer Außenseiter zur zwischenzeitlich größten Oppositionspartei im deutschen Bundestag verwandt: Wie konnte eine Allianz aus Rechtskonservativen und offen rechtsradikalen Demokratiefeinden innerhalb eines demokratischen Systems dermaßen Bedeutung erlangen? Schon zuvor hatte sich, wie überall im Westen, eine zunehmende Spaltung der Gesellschaft, die immer auch mit einer Entfremdung von den politischen Eliten einhergeht, bemerkbar gemacht. Bis heute ist diese Herausforderung für die deutsche Demokratie keinesfalls abgeschlossen. Auch bei Fragen nach der inneren Verfasstheit Deutschlands gilt daher unbedingt: Die Qualität des öffentlichen Diskurses beeinflusst unmittelbar die Qualität der Demokratie, die wir leben – und umgekehrt.

Was will das Buch?

Angesichts derartiger Herausforderungen im Innen- wie Außenpolitischen ist es wahrlich nicht leicht, einen kühlen Kopf zu bewahren. Der Handlungsdruck ist enorm, vermeintlich zu hoch, um einen Schritt zurückzutreten. Und sich mit dem Wesen des Diskurses zu befassen. ›Was‹ zu tun ist, diese Frage klingt so elementar, dass die Beschäftigung mit dem ›Wie‹ als Zeitverschwendung erscheint. Schon in Zeiten, in denen wir es nicht mit Krieg in der europäischen Nachbarschaft und gewaltigen gesellschaftlichen Umwälzungen zu Hause zu tun haben, ist das Nachdenken über die Farbe, den Charakter und die für uns beste Kontur öffentlicher Debatte komplex.

Hinzu kommt, dass wir alle müde sind. Rund zweieinhalb Jahre befinden wir uns bereits im Ausnahmezustand einer Pandemie, die wir nicht haben kommen und noch immer nicht gehen sehen. Corona hat Menschenleben gekostet und Existenzen vernichtet. Es hat Spannungen an der Oberfläche sichtbar werden lassen, die sich lange Zeit nur knapp darunter aufgestaut hatten. Die vielerorts zitierte Spaltung der Gesellschaft war über einen trügerisch langen Zeitraum hinweg für viele von uns doch eher ein Begriff als gelebte Realität, ein soziologisch interessantes Phänomen. In jüngerer Vergangenheit und unter dem Brennglas der Pandemie jedoch zeigt sich schonungslos das harte Gesicht einer Gesellschaft, die in großen Teilen von Erschöpfung gezeichnet ist. Eine Gesellschaft, in der gleichzeitig materielle Ungleichheit, und damit einhergehend Gestaltungsmacht und Privilegien für wenige, die weit über die der meisten anderen hinausgehen, zu einem Strukturmerkmal geworden sind.

Möglicherweise tragen diese Entwicklungen dazu bei, dass manche im Deutschland der 2020er-Jahre bereits eine unglückselige Parallele zu den 1920er-Jahren erkennen. Bei genauerer Betrachtung ist die Rede von der Spaltung der Gesellschaft ungenau; wir haben es mit einem Kampf um Deutungshoheit zu tun. Explizit besteht dabei der Anspruch des Stärkeren darin, seine Sicht der Dinge dem Schwächeren aufzuzwingen. Hierin liegt nochmals eine andere Qualität als in der vielzitierten Polarisierung, die Gräben aufreißt, über die hinweg keine Verständigung mehr möglich ist. Somit sehen wir uns im öffentlichen Diskurs einem doppelten Risiko ausgesetzt: Zum einen sind viele derzeit nicht – oder nicht mehr – bereit, sich einzubringen. Entweder, weil es ihnen neben der Bewältigung der persönlichen Existenz an Kraft fehlt, oder weil sie gegenüber gesellschaftspolitischen Themen zwischen Lethargie und Zynismus schwanken, nicht an den eigenen Einfluss glauben (können). Zum anderen laufen wir Gefahr, den öffentlichen Diskurs über Gebühr zu beanspruchen. Im Klima nervöser Aufbruchstimmung, dem Gefühl, ›etwas tun zu müssen‹, verfallen manche in Aktionismus und eine teils irritierende Dogmatik. Hiervon werden wiederum andere nicht motiviert, sondern verschreckt. Damit steigt die Wahrscheinlichkeit, die durchaus vorhandene Resilienz öffentlicher Debatte zu überlasten, mehr kaputtzumachen als neu aufzubauen, wobei letzteres doch dringend Not täte.

An erster Stelle sollte daher eine (selbst-)kritische Reflexion des gegenwärtigen Diskurses stehen. So lernen wir uns selbst besser zu verstehen – das ist keine Plattitüde, sondern Grundvoraussetzung dafür, dass Individuen eine gemeinschaftliche Identität als moderne Demokratie aushandeln können. Wege, die hierzu zu beschreiten wären, gibt es so viele wie Stimmen im Diskurs. Doch sind nicht alle Wege gleich vielversprechend, und längst nicht alle an der Wirklichkeit erprobt. Ich plädiere daher dafür, eine ganz bestimmte aktuelle Ausprägung des öffentlichen Diskurses in den Blick zu nehmen, *den progressiven öffentlichen Diskurs der jüngeren Generation in den USA*. Dieser Diskurs ist dem unsrigen ca. fünf bis sechs Jahre voraus. Er ist in Ausrichtung, Inhalt und Textur dennoch ähnlich genug, dass sich das Beste hiervon in modifizierter Form auf hiesige Verhältnisse übertragen lässt. Gleichzeitig ist der US-Diskurs von unserem verschieden genug, dass er als wirkmächtiger Impuls, als Inspiration (und es sei in Form von Provokation) wirken kann. Wer wollte sich eine solche Chance entgehen lassen?

Ich verfolge mit diesem Buch somit zwei Ziele: Zunächst möchte ich dazu beitragen, dass wir im öffentlichen Diskurs in Deutschland einen bestimmten Weg nicht weiterverfolgen, auf dem derzeit ein wachsender Anteil der Bevölkerung unterwegs ist. Auf diesem Weg besteht die reale Gefahr, in einer Form des Diskurses zu enden, die ich den ›Hulk-Diskurs‹ nenne, in Anlehnung an die Kult-Comic-Hefte aus dem Hause Marvel. Der Hulk ist das Alter Ego von Bruce Banner, einem vergeistigten Wissenschaftler ohne Sozialleben, der Tag für Tag im Labor seiner Forschung nachgeht. Bei einem Unfall wird Banner starker Strahlung ausgesetzt – und verwandelt sich fortan bei der kleinsten Irritation in ein grünes Monster, das ausschließlich wutgesteuert ist. Dann zerstört der ›Hulk‹ mit seiner riesigen Kraft alles und jeden in Reichweite. Niemand kann mehr zu ihm durchdringen, bis der Anfall abklingt.

Ohne Frage hat sich im Verlauf des letzten Jahrzehnts der öffentliche Diskurs in Deutschland grundlegend verändert, und dies aus plausiblen, allerdings deshalb nicht weniger gefährlichen Gründen. Die (unglücklich) so bezeichnete ›Flüchtlingskrise‹ 2015 und ihre Folgen, der Einzug der AfD in den Bundestag 2017, die Corona-Pandemie ab März 2020, das wieder aufgeflammte Reizthema Identitätspolitik: nur einige Beispiele dafür, wie labil, explosiv und oftmals destruktiv der öffentliche Diskurs geworden ist. Die Politikwissenschaftler Steven Levitsky und Daniel Ziblatt weisen in ihrem 2018 erschienenen Buch *How Demo-*

cracies Die eindringlich darauf hin, wie kritisch es um die Demokratie bestellt ist, sobald sich Gegner im Diskurs gegenseitig als »existenzielle Bedrohung [...] für die vorherrschende Lebensart« diffamieren (LEVITSKY/ZIBLATT 2018: 23) und damit die Legitimität absprechen. Für jede wirklich vitale Zivilgesellschaft seien »informelle Regeln, die [...] allseits bekannt und respektiert« würden, elementar (ebd.: 100). Die US-Amerikaner Levitsky und Ziblatt sehen dies in ihrem Heimatland über große Teile des 20. Jahrhunderts verwirklicht, sicherlich eine patriotisch eingefärbte Idealisierung. Und doch liegen sie mit ihrer Einschätzung richtig, dass bis zur Wahl von Donald Trump 2016 Politik oftmals als Wettstreit begriffen wurde, bei dem mal der eine, mal der andere gewinnt. Gegner sind nicht automatisch Feinde, die vernichtet werden müssen. Seit Trumps Zeit im Amt hingegen sei dieses Ideal »in Auflösung« begriffen (ebd.: 145) – unberührt, so ist mittlerweile zu ergänzen, von Joe Bidens glaubhaften aber oftmals hilflosen Ambitionen, dagegen vorzugehen. Es ist dies eine Diagnose, die sich mindestens so hart auch für Deutschland stellen lässt, und dies nicht erst im Verlauf der letzten Jahre, die ganz im Zeichen der Covid-Pandemie stehen und die Gesellschaft mehrfach an ihre Belastungsgrenze gebracht haben. Der ›Hulk-Diskurs‹ reißt immer öfter sämtliche Schutzplanken – allen voran gegenseitige Toleranz – komplett ein; genau jene Schutzplanken also, die Levitsky und Ziblatt für die Demokratie und den öffentlichen Diskurs für unabdingbar halten.

Der Hulk ist eine Comicfigur, ein Produkt der Fantasie. Aber die Gefahr, komplett in den Hulk-Diskurs abzurutschen, wenn wir den bisher beschrittenen Weg weitergehen, ist real. Dabei geht es weniger um Beruhigung als um die Ausbalancierung der öffentlichen Auseinandersetzung. Warum sollten wir die Energie generell herunterdimmen wollen? Wut über Ungerechtigkeiten, Versäumnisse und Fehler einer Gesellschaft hat durchaus ihre Berechtigung. Sie kann große konstruktive Kraft entfalten. Allerdings ist

Wut in ihrer aggressiven, ungerichteten Form destruktiv. Wenn sich bei vielen bezüglich gesellschaftspolitischer Fragen dauerhaft Lethargie breitmacht und eine Minderheit wild um sich schlagender Diskurs-Hulks ohne jede Impulskontrolle ihre Agenda durchpeitscht, ist für die Gesellschaft als Ganzes wenig gewonnen. Aus diesem Grund möchte ich mit diesem Buch zweitens aufzeigen, wie ein alternativer diskursiver Weg aussehen kann. Ein Weg, der uns dorthin führt, wo wir als Gesellschaft wachsen können.

An dieser Stelle könnte man einwenden, dass sich der öffentliche Diskurs derzeit sehr vital und dynamisch präsentiert. Das stimmt, und ist doch nicht das ganze Bild. Eine hochpolitisierte Gruppe lauter Diskursgestalter tritt seit einigen Jahren vorzugsweise in den Foren der sozialen Medien auf. Man verortet sich klar links, wobei die Überzeugtheit von der eigenen Positionierung in der Regel höher ist als die Informiertheit bezüglich klassisch linksliberaler Positionen. Mit erstaunlichem Selbstbewusstsein, ebenso ausgeprägtem Sendungsbewusstsein und oftmals moralischer Rigidität treiben die (selbstdeklarierten) ›PoMos‹ den Diskurs zu Gender-, Queer-, Postcolonial-, Critical Race- oder auch Fat-Studies voran. Als ›Postmoderne‹ möchten sie wachsam, ›woke‹, sein, was die Ungerechtigkeiten und Diskriminierungen der modernen Mehrheitsgesellschaft gegenüber bestimmten Minderheiten angeht. Doch schon der Begriff ›woke‹ macht überdeutlich, wie komplex, ja verfahren, die Situation mittlerweile ist. Hannes Soltau weist zu Recht darauf hin, dass ›woke‹, einst »Selbstbezeichnung für politische Wachsamkeit«, heute gleichzeitig »Modewort der Stunde« und »konservative(r) Kampfbegriff« geworden ist.

Minderheiten zu ihrem Recht zu verhelfen, ist aller Ehren wert und höchste Zeit. Der Weg, der hierzu eingeschlagen wird, allerdings häufig problematisch. Denn die PoMos führen ein strenges Regiment, was den Zugang zu den Debattenforen im Netz angeht, und überhaupt das Recht, mitmischen zu dürfen. Viele von ihnen handeln aus einer Mangelerfahrung der Vergangenheit heraus, oft ist es ihnen selbst lange Zeit nicht besser ergangen. Nun aber laufen sie ironischerweise Gefahr, die Spielregeln zur Debatte für alle bestimmen zu wollen – eine dem Wesen nach undemokratische Unternehmung. Sie verengt den Diskurs, was dem eigentlichen Ansinnen ihrer Vertreter zuwiderläuft: Schließlich wollen sie erklärtermaßen die Gesellschaft als Ganzes zum Umdenken bewegen.

Über der Power dieser meinungsstarken Taktgeber der Debatte geht die letztlich entscheidende Erkenntnis verloren: Eine sehr viel höhere Zahl an Menschen besitzt eben kein Twitter-Konto und nutzt Instagram, wenn überhaupt, dann als Fotoalbum. Beide Foren sind eben nur das: Foren. Sie illustrieren vielmehr die Tatsache, dass die größte Gruppe Menschen in Deutschland faktisch ein Leben ganz ohne Politik lebt (nicht gemeint sind hier die traditionellen Papierzeitungsleser, wobei das Leserbriefschreiben einfach nicht denselben dynamischen Streit zulässt wie ein schneller Tweet übers Handy). Wie Yascha Mounk in *Das große Experiment* verdeutlicht, wirkt sich hier im US-Kontext ein Kontrast besonders deutlich aus, nämlich der Kontrast zwischen einem auch in der akademischen Welt vergleichsweise kleinen Kreis meinungs- und lautstarker ›Wokies‹ und der breiten Öffentlichkeit. Konkret: Eine zahlenmäßig überschaubare ›Woke‹-Gruppe, oftmals weißer Hautfarbe, übt relativ zur Gesamtgesellschaft überproportionalen Einfluss auf den öffentlichen Diskurs aus, etwa was die Frage betrifft, wo dessen Grenzen verlaufen oder wer mitmischen darf. Häufig, so sei unterstellt, geschieht dies in bester aufklärerischer Absicht. Nicht einmal mehr davon gehen allerdings manche Beobachter der Lage mittlerweile aus. John McWhorter, der schwarze Autor von *Woke Racism*, ist auf weiße Menschen, »die sich als unsere Verbündeten bezeichnen«, nicht gut zu sprechen. Für ihn sind diese selbsterklärten »Auserwählten« primär daran interessiert, »anderen zu zeigen, wie gut und tugendhaft sie sind«. Ein solcher demonstrativer Antirassismus ist für McWhorter sogar kontraproduktiv, er »führt zu Ungerechtigkeiten und schadet schwarzen Menschen«, anstatt deren Sache voranzubringen (*Zeit Magazin*, Nr. 5; 27.1.2022).

Sowohl linker Kontrollwahn und damit der Anspruch auf kulturelle Hegemonie wie rechtspopulistische Propaganda gefährden den gesunden öffentlichen Diskurs (wobei diese beiden Kategorien in Ansätzen vergleichbar sind, rechtsradikale Umtriebe hingegen nochmals eine andere, sehr viel gefährlichere Qualität aufweisen). Um sich von dieser doppelten Dynamik zu lösen, die gleichermaßen unproduktiv wie gefährlich ist, müssen wir einen Schritt vom Diskurs zurücktreten. In diesem Sinn ist dieses Buch auch ein Vorschlag zur Reflexion: Wie ist es zum Diskursverfall in unserer Gesellschaft gekommen, der nicht so spektakulär vonstatten geht wie der Laborunfall des Wissenschaftlers Banner, aber langfristig ebenso tragische Konsequenzen hat? Gibt es Wege, dagegenzuhalten? Und finden wir einen solchen möglichen Weg gar anderswo in den Demokratien der westlichen Hemisphäre? Ich behaupte, ja, und zwar in den USA – wohlweislich als Inspiration, nicht als Blaupause, die wir einfach übernehmen. Die Summe der beiden hier skizzierten Ziele dieses Buches besteht darin, eine mögliche Zukunft aufzuzeigen, für die es sich lohnt, zu kämpfen. Ähnlich wie in Dickens' Erzählung verlangt diese Zukunft ein Umdenken und Umlenken in der Gegenwart. Doch gibt es gute Nachrichten: Wir müssen nicht bei null anfangen.

Warum der Blick auf Amerika?

Jeder Anspruch, den öffentlichen Diskurs in Deutschland in Gänze umkrempeln zu wollen, wäre vermessen. Keine einzelne Stimme, kein einzelnes Buch kann dies leisten. Tatsächlich besteht das Wesen des Diskurses darin, dass er aus sich heraus beständig wechselnde Formen und Farben annimmt. (Und sich dadurch vor der übermäßigen Einflussnahme Einzelner schützt. Zumindest, solange es sich nicht um den Hulk-Diskurs handelt.) Gleichzeitig haben Impulse, die wir neu von außen in den Diskurs einbringen, natürlich ihre Wirkung. Und im Fall der USA für uns enormes Potenzial.

In diesem Zusammenhang irritiert die recht eindimensionale Amerika-Wahrnehmung, die in Deutschland nach wie vor flächendeckend vorherrscht. In schöner Regelmäßigkeit wird in der hiesigen Berichterstattung ein Diskurs über die USA gestrickt, der den Untergang der Supermacht beinahe zwangsläufig erscheinen lässt. Alternativ wird das Land unverhältnismäßig überhöht. Seit der Jahrtausendwende überwog die pauschale Kritik, solange Bush und Trump im Amt waren, unterbrochen von zwischenzeitlichen Heilserwartungen während Obamas Zeit im Weißen Haus, die nun in Bezug auf Biden ihre Fortsetzung finden. Sämtliche Präsidenten konnten dabei immer nur sehr knappe Mehrheiten auf sich vereinen; keinesfalls war es so, dass ›die Amerikaner‹ den ein oder anderen von ihnen gewählt hatten. Man fühlt sich an eine ungesunde Liebesbeziehung erinnert, die ständig zwischen Enthusiasmus und Enttäuschung schwankt. Wer zu nah dran ist, kann nicht mehr scharf sehen.

Nach demselben Muster werden immer wieder aufs Neue US-amerikanische Diskurs-Narrative auf Deutschland übertragen, ja faktisch eins zu eins kopiert. Prägnante Beispiele der jüngeren Zeit hierfür sind die #MeToo- oder auch die Black-Lives-Matter-Bewegung. Abzukupfern ist jedoch nicht gleichzusetzen mit sich-inspirieren-lassen. Es ist in diesem Fall sogar kontraproduktiv: Weil die Übertragung nicht funktioniert, entsteht bei Außenstehenden der Eindruck, die Quelle der Idee, in diesem Fall die USA, tauge nicht. Das leistet einem in Deutschland chronisch virulenten Anti-Amerikanismus Vorschub, der uns reihenweise Chancen zu lernen und zu wachsen kostet. Immerhin, das wird heute gerne übersehen, hat Deutschland die Demokratie von den USA gelernt; es waren die Amerikaner, die der jungen Bundesrepublik nach dem Zweiten Weltkrieg teils gegen erhebliche Widerstände faschistische Gewohnheiten aberziehen mussten.

Hoffnungsvoll stimmt viele Jahrzehnte später, dass wir uns in der deutschen Öffentlichkeit sehr viel Diskursqualität erarbeitet haben. Darauf können wir zu Recht stolz sein. Gleichzeitig, und hierauf konzentriert sich dieses Buch, sind wir in der glücklichen Lage, diskursive Entwicklungen bei unserem großen demokratischen Bruder USA beobachten zu können. Sodann bieten sich für uns nützliche Erkenntnisse aus diesen Beobachtungen, ohne dass wir selbst ›ins Risiko gehen‹ müssten. Wir können informierte Zuschauer sein und nur jene neuartigen Formate bei uns ausprobieren, die uns hilfreich erscheinen. Gleich eine Handvoll Gründe sprechen dafür, speziell den US-amerikanischen und dort insbesondere den *progressiven* Diskurs unter die Lupe zu nehmen.

Erstens, auf dem Diskursfeld samt seiner dynamischen Entwicklungen ist uns Amerika, wie auf vielen anderen Feldern auch, etwa fünf Jahre voraus. Es handelt sich hierbei weniger um eine amerikanische Eigenleistung und schon gar nicht (mehr) um ein spezifisch deutsches Manko. Vielmehr waren die Dringlichkeiten auf den oben skizzierten Problemfeldern in den USA schon früher als bei uns wesentlich höher. Quasi notgedrungen haben sich neuartige Diskursansätze unter dem bestehenden Handlungsdruck entwickelt. So sollten wir auch die Einschätzung der US-Politologin Anne-Marie Slaughter verstehen, die schon 2007 in *The Idea that is America* festhält, dass die amerikanische Nation von Anfang an auf Toleranz setzen musste, um als »enorm diverse Demokratie überhaupt zu überleben« (SLAUGHTER 2007: 149). Toleranz, stellt Slaughter klar, ist dabei »nicht dasselbe wie Zustimmung oder gar Gefallen« (ebd.: 150), was die Ideen anderer betrifft. Schon gar nicht ist Toleranz »moralischer Relativismus« (ebd.: 171). Am Ende ist sie stattdessen meist die nüchterne Erkenntnis, dass wir uns alle mit einer »oftmals spannungsgeladenen Koexistenz« (ebd.: 171) arrangieren müssen.

Mit dieser sprichwörtlich pragmatischen Haltung gehen Erfahrungswerte einher, wie sie die größte Demokratie des Westens intensiver und früher als Deutschland gemacht hat und noch immer macht. Riskieren wir einen Blick in unsere eigene mögliche Zukunft – die wir jederzeit verändern können, wie uns der Kultfilm *Zurück in die Zukunft* lehrt. Wenn es dem schusseligen Marty McFly gelingt, den Tod seines Mentors Doc Brown zu verhindern, sollten wir uns zutrauen, unser eigenes Diskursverhalten zu verbessern. Die Vereinigten Staaten sind Deutschland ähnlich genug, um Schlussfolgerungen für den hiesigen Diskurs zu ziehen. Und sie sind verschieden genug, dass sich der kritische Abgleich lohnt und wir aus den dort begangenen Fehlern lernen können. Von einer unkritischen Übernahme sämtlicher US-Exzesse ist nicht die Rede. Vieles spricht jedoch dafür, auf Entwicklungen, die ihren Weg über den Atlantik zu uns finden, vorbereitet zu sein und ihnen aus einer Position gestalterischer Stärke heraus zu begegnen. Im besten Fall stabilisiert sich auf diese Weise eine transatlantische Brücke dialogischer Natur. Gerade in Zeiten wirtschafts- und sicherheitspolitischer Belastung (mittlerweile berüchtigte Stichworte sind hier die NATO-Osterweiterung, das 2%-Ziel, Nord Stream II und zuvorderst natürlich der Krieg in der Ukraine) kann ein stetig wachsender grenzüberschreitender Diskurs jenseits der Institutionen nur nützen.

Zweitens ist der Einfluss medialer Formate und Foren US-amerikanischen Ursprungs auf den öffentlichen Diskurs hierzulande eine Tatsache. Auf absehbare Zeit wird sich daran nichts ändern. (Dasselbe Argument in Form zweier kurzer Fragen: Wer kennt Facebook nicht? Wer erinnert sich noch an StudiVZ?) Struktur und Funktionslogik der US-Medienlandschaft stellen schon immer einen zentralen Faktor dar, was den öffentlichen Streit in den USA betrifft, aber eben auch anderswo, zum Beispiel in Deutschland. Dies gilt umgekehrt nicht. Faktisch hat sich das Machtgefälle im Verlauf der letzten anderthalb Jahrzehnte noch vergrößert, und zwar insofern, dass sich der Einfluss auf eine andere Ebene verschoben hat. Nicht immer ist diese den Nutzern der betreffenden Medien bewusst. So lehnen viele die US-inspirierte Entertainisierung im politischen Diskurs ab, z.B. jüngst in den Kanzlerkandidatur-Duellen im deutschen Fernsehen. Dabei nutzen dieselben Menschen exzessiv Facebook als Kommunikations- und Informationsmedium und folgen somit unwillkürlich einer Diskurslogik, die über die Erregung von Aufmerksamkeit funktioniert.

Gesteuert wird diese Logik von einem geografisch erstaunlich kleinen Raum aus, wenn man sich den weltweiten Einflussbereich klarmacht: Einige wenige Standorte an der Westküste der USA (neben dem Silicon Valley auch die Großräume von Los Angeles, San Francisco und Seattle) sind Heimat für eine überschaubare Anzahl an Unternehmen der Branche. Allerdings handelt es sich um börsennotierte Giganten mit schwindelerregenden Umsätzen und globalem Gewicht – und, was schwerer wiegt, ohne demokratische Legitimation. Ein eindrückliches Beispiel dafür, »warum die Digitalisierung unsere Demokratie gefährdet«, so der Untertitel von Stephan Russ-Mohls 2017 veröffentlichtem Buch *Die informierte Gesellschaft und ihre Feinde*. Und das beste Argument, sich mit dem Fortgang der Tech-Branche in den USA eingehend zu beschäftigen. Nicht aus Liebhaberei, sondern aus Selbstschutz.

Aus den ersten beiden Punkten, Amerikas Vorsprung in der Debatte und seiner Dominanz insbesondere bei den sozialen Medien, ergibt sich ein *dritter* Grund, warum Deutschland enorm davon profitieren würde, sich anders als bisher mit dem US-Diskurs zu befassen: Wir können uns von dort abschauen, wie und in welchen (ideologischen, hier aber ganz konkret auch technologischen) Bahnen demokratischer Streit im 21. Jahrhundert verlaufen kann. Das heißt wie oben gesagt nicht, dass er so verlaufen muss, oder überhaupt so verlaufen sollte. Schließlich befindet sich auch die derzeit einzig wahre Weltmacht, zudem die älteste existierende Demokratie, am Scheideweg: Der Kampf um die Meinungs- und vor allem Gestaltungshoheit, den die reaktionären bis rechtskonservativ-populistischen Kräfte derzeit mit den jungen, progressiven, linksliberalen Kräften ausfechten, ist eng – und noch nicht entschieden. Damit stehen die Vereinigten Staaten nicht allein da; alle westlichen Demokratien befinden sich im bisher wichtigsten, weil richtungsweisenden Abschnitt des 21. Jahrhunderts: Wohin soll der Weg moderner, liberalmarktwirtschaftlich, von demokratischen Idealen und der zugehörigen kodifizierten Rechtsprechung geprägten Gesellschaften führen? Wie mit Veränderungen in einer Breite und Tiefe und Geschwindigkeit umgehen, die es noch nie gegeben hat?

Anfang der 1990er-Jahre schien diese Debatte zumindest in Bezug auf die erste Frage aus Sicht einiger vorschneller Optimisten bereits entschieden. Francis Fukuyama beschied in einem aufsehenerregenden Essay schon 1989, wohin der Weg für westliche Demokratien führt: nach oben, und zwar konkurrenzlos. Seine prägnante Formulierung zum »Ende der Geschichte« (ein Hegel-Zitat) feierte den vermeintlichen Sieg westlich geprägter liberaler Ordnungen im globalen Systemstreit. Klugerweise versah Fukuyama den Titel zum Text dennoch mit einem Fragezeichen. Es war allerdings drei Jahre später, beim Erscheinen des gleichnamigen Buches, verschwunden. Hierbei mögen verkaufstechnische Überlegungen eine Rolle gespielt haben; wichtiger ist, dass die Wirklichkeit spätestens zwanzig Jahre später Fukuyamas Einschätzung widerlegt hat (wozu sich dieser mehrfach positionierte). Seit den 2010er-Jahren postuliert China ein – hier ausnahmsweise und ein einziges Mal wertfrei gesprochen – autoritäres Erfolgsmodell, zuerst nach innen und im Verlauf der letzten Jahre selbstbewusst auch nach außen. Das Reich der Mitte ist die Herausforderung schlechthin für das vermeintlich universell höchste Ziel einer liberalen demokratischen Gesellschaft. Damit ist die Diskursarena, in den USA wie in Deutschland, grundlegend verschieden von den frühen 1990er-Jahren. Damals ging es vielen Vordenkern primär darum, die letzten Stolpersteine auf dem Weg zu einer demokratisch geprägten Erfolgsgeschichte des Westens aus dem Weg zu räumen. Heute gibt es im Westen mehr Stolpersteine denn je.

Wenn wir in Deutschland einen Weg finden, produktiven demokratischen Streit zu führen, der diese innen- wie außenpolitischen Faktoren einbezieht, ist viel gewonnen. Für uns. Und insofern, dass wir eine Vorbildfunktion gegenüber Dritten einnehmen können, die auf der Suche nach der eigenen Identität als Nation noch ein Stück Weg mehr zurückzulegen haben als Deutschland (hier kommen einem die an der Nahtstelle von West und Ost gelegenen ehemaligen Sowjetrepubliken in den Sinn). Diese Chance ›weicher Macht‹, der von Joseph Nye sogenannten *soft power*, sollten wir nicht unterschätzen. Sie ist ein wichtiges Mosaikstück, wenn Deutschland weltweit eine stärker gestalterische Rolle einnehmen – und aus dem Schatten Amerikas heraustreten will.

Viertens heißt aus dem Schatten herauszutreten nicht, das Band zu den USA abreißen zu lassen. Im Gegenteil. Unsere beiden Nationen verbindet eine lange und erfolgreiche Tradition. Gemeinsam mit dem Vereinigten Königreich und Frankreich bilden wir das zentrale Trapez des ›Westens‹, wie es lange bestanden hat. Nun steht ein tiefgreifender Erneuerungsprozess an. Bei aller Irritation der letzten Jahre (mancherlei enttäuschte Hoffnung unter Obama, offene Konfrontation unter Trump, wiederkehrende Momente der Verunsicherung unter Biden) überwiegen gemeinsame Interessen. Nachgeordnet gilt dies auch für gemeinsame Werte, jedenfalls relativ zu anderen Regionen der Erde. Das jeweils eigene Rollenverständnis auf der globalen Bühne formt sich immer auch im Hinblick auf den langen Weg, den die us-amerikanische und deutsche Nation seit dem Zweiten Weltkrieg zusammen zurückgelegt haben.

Der ›Westen‹ als ideengeschichtlich überformte Allianz reicht viel weiter zurück und umfasst das weite Feld »von Plato bis zur

NATO«, um David Gress' berühmten Essay zu zitieren. Insofern bedeutet eine Orientierung an den USA, was den öffentlichen Diskurs der Gegenwart betrifft, automatisch auch eine Stärkung der westlichen Allianz gegenüber dem großen anderen Gesellschaftsentwurf unserer Zeit, dem autoritären Regime Chinas. Wann immer wir klagen, dass bei uns zu wenig kontroverse Debatte möglich ist, sollten wir uns vor Augen führen, dass Peking ganz einfach keinerlei Debatte zulässt. Wer immer die Verrohung des Diskurses auf Facebook, YouTube und Twitter bemängelt (zu Recht), darf nicht übersehen, dass der Zugang zu diesen und dreitausend weiteren Websites in China generell nicht gegeben ist.

Ein *fünfter* und letzter Grund, den progressiven Diskurs in den USA genauer zu betrachten, ist symbolischer Natur – aber nicht nur, wie wir gleich sehen werden. Wir brauchen neue Lösungsansätze. Die amerikanische wie die deutsche Bevölkerung haben im ersten Fünftel des 21. Jahrhunderts einige einschneidende Erfahrungen gemacht. Gleich zu Beginn das Trauma der Terroranschläge vom 11. September 2001 mit seiner Fortsetzung in den Anschlägen von Madrid 2004 und London 2005. Und der belastenden Gewissheit, dass es in der modernen westlichen Welt kein (wenn auch trügerisches) Gefühl der Sicherheit vor dieser Gefahr mehr geben kann. Ab 2007 die Finanzkrise, Folge einer geplatzten Immobilienblase in den USA, die weltweit Existenzen vernichtet. Wenig später folgt die Eurokrise, die über Jahre strukturelle Probleme in der Eurozone schmerzhaft offenlegen wird. Ab 2015 dann die Einreise von deutlich mehr als einer Million Flüchtenden in die Europäische Union, mit deren Auswirkungen der Staatenverbund bis heute zu kämpfen hat. Zu diesem Zeitpunkt ist das Rennen um die Präsidentschaft ab 2016 in den USA bereits in vollem Gange. Die folgenden vier Jahre wird der selbsterklärte Antipolitiker und hemmungslose Angstpolitiker Trump die allgemeine Verunsicherung der Menschen auch im transatlantischen Raum weiter schüren. In Europa und nicht zuletzt in Deutschland finden sich zahlreiche Nachahmer, die zeitweise sogar die größte Oppositionspartei im Bundestag stellen. Schließlich ab März 2020 die Corona-Pandemie, die wiederholt das öffentliche Leben in den westlichen Demokratien praktisch komplett zum Erliegen bringt und für den Einzelnen eine enorme psychisch-mentale Belastung darstellt. Schließlich rechnet Zentraleuropa in der Folge der Katastrophe, die Putin in der Ukraine auslöst, für das Jahr 2022 mit der bis dato ungekannten Zahl von bis zu acht Millionen Menschen auf der Flucht, eine absehbar nächste harte Belastungsprobe. Über allem hängt das Damoklesschwert des Klimawandels.

Mit der oben skizzierten Krisenkette sind die Demokratien des Westens vollauf beschäftigt; eine ganze Generation junger Menschen, um die Jahrtausendwende geboren, kennt überhaupt kein Leben außerhalb dieser Kette. Eine prägende Erfahrung für eine Generation, welche ihrerseits wiederum den öffentlichen Diskurs schon jetzt prägt und ihn im Verlauf der nächsten dreißig Jahre dominieren wird. Zyniker sagen, der Handlungsdruck sei schlicht groß genug geworden, doch kann man durchaus argumentieren: Es ist auch das Verdienst dieser jungen Generation, dass wir uns dieser Tage mehr denn je mit existenziellen Fragen befassen: Wie gehen wir als Schicksalsgemeinschaft, die wir als Nation nun einmal bilden, mit dem schier unerschöpflichen Bedarf an Energie um, den moderne Industriegesellschaften aufweisen? Was halten wir dem Klimawandel entgegen? Was bedeutet es für unser Zusammenleben, wenn langjährige Minderheiten mancherorts nun die Mehrheit stellen, wenn bestimmte Gruppen in einer Gesellschaft mehr Mitspracherechte einfordern als zuvor? Wo müssen wir alle andere Formen der Kommunikation erlernen, unsere Position im Miteinander neu justieren – analog wie digital?

Naturgemäß fallen Antwortversuche auf Fragen dieser Größenordnung sehr verschieden aus. »Konservative wollen, dass das Morgen genauso ist wie das Heute«, sagt der britische Historiker

Edmund Fawcett im Sommer 2021 der *Zeit* (*Die Zeit*, 5.8.2021). Diese Einschätzung, hier etwas plakativ formuliert, teilen viele Menschen, und sie teilen auch das Werteverständnis dahinter. Deshalb sind »konservative Regierungen in westlichen Demokratien die Regel und linke oder liberale nur eine Ausnahme«, wie Fawcett auf Nachfrage der *Zeit* bestätigt. Doch wie fällt die Bilanz der Konservativen aus, was die großen Fragen unserer Epoche anbelangt? Schon zuvor lautet die Frage: Kann das »Morgen« wirklich genau so sein wie das »Heute«, weit im 21. Jahrhundert?

Wir leben in einer Welt, die längst »flach« geworden ist, wie Thomas Friedman in seinem Bestseller schon 2005 feststellte. Einer Welt also, die im »neuen Zeitalter der Konnektivität«, so Friedman, mehr denn je untereinander verbunden ist, wo gestern, heute und morgen immer häufiger zusammenfallen.

Freilich existiert keine Garantie, dass progressive Antworten besser funktionieren als konservative. Allerdings existiert heute, in den 2020er-Jahren, ein einzigartiger Bezugsrahmen: ein Bündel historischer Parallelen zur Blütezeit des US-Progressivismus in den 1920er-Jahren. Die große Chance liegt nicht in der unkritischen Übernahme der Ansätze, die vor ziemlich genau einem Jahrhundert so wichtig wurden, sondern im kritischen Abgleich mit heute: Hier bietet sich uns die Möglichkeit zur Referenz, vielleicht auch ein Bauplan zu unserem ureigenen Wertegerüst. Darüber hinaus, und das ist eines der Kernargumente dieses Buches, finden wir hier eine Leitlinie für den öffentlichen Diskurs unserer Zeit. Sie wird den Anforderungen unserer ›flachen‹ Welt gerecht, was nicht dasselbe ist, wie einfache Antworten zu liefern. Letzteres müssen wir im deutschen Diskurs schon selbst leisten. Fürs Erste bewahrt uns eine am US-Progressivismus entlang gezogene Leitlinie davor, in der Flut kleinteiliger Informationen zu ertrinken, die uns täglich umspülen. Das ist schon viel. Aber längst nicht alles.

Die *Progressive Era* der USA währte gerade einmal drei Jahrzehnte. Was im auslaufenden 19. Jahrhundert seinen Anfang nahm und schnell große Anziehungskraft entwickelte, verlor gegen Ende der 1920er-Jahre aus Sicht der Bevölkerung stark an Attraktivität. Von Optimismus und fortschrittlichen Visionen getragene Ideen schienen angesichts der heraufziehenden schweren Wirtschaftskrise überholt. Wandel bedeutete für die meisten nichts anderes mehr als eine Verschlechterung der Zustände. Auf höchster politischer Ebene laufen jedoch zu dieser Zeit in Form des New Deal unter Präsident Franklin D. Roosevelt weiterhin große Anstrengungen, progressive Konzepte in praktische Politik zu übersetzen. Mit Erfolg: Anfang der 1940er-Jahre klingt die Great Depression ab, doch bleiben es schwere Zeiten, schon 1941 treten die USA in den Zweiten Weltkrieg ein. Umso bemerkenswerter, dass progressives Denken nur wenige Jahre nach dem Krieg eine Renaissance erlebt. Offenbar haben gerade die während der Großen Depression und im Krieg erlittenen Härten dafür gesorgt, dass die Bereitschaft der Menschen steigt, mutig und offen ›nach vorne‹ zu denken. Für manche sind die Risiken des Wandels wohl auch nur das kleinere Übel angesichts der Erfahrungen der jüngeren Vergangenheit. Schon damals jedenfalls war der Anspruch nicht, das progressive Ideal einer modernen Gesellschaft perfekt umzusetzen. Das ist laut dem deutschen Auswanderer und späteren Innenminister der USA, Carl Schurz, ohnehin nicht möglich. »Ideale sind wie die Sterne«, sagt er schon Jahre vor der progressiven Blütezeit. »Es wird uns nicht gelingen, sie mit den Händen zu berühren.« Allerdings »können wir sie uns als Richtschnur erwählen« und »unsere Bestimmung erlangen«, wenn wir ihnen folgen (SCHURZ 1913: 51).

Auch heute geht es um Inspiration. Die zeitliche Parallele zwischen den 1920er- und 2020er-Jahren ist selbsterklärend. Wichtiger als die Symbolik ist die Einsicht, dass offenkundig circa zwanzig Jahre nach Beginn eines Jahrhunderts in vielen westlichen Gesellschaften eine entscheidende Phase eintritt: Zuerst die Reflexion über das bisher Geschehene. Dann die wachsende Entschlusskraft, gemachte Erfahrungen umzusetzen und die noch ausstehenden vier Fünftel des Jahrhunderts zu gestalten. Hiermit einher geht eine qualitative Veränderung des öffentlichen Diskurses: Er wird vitaler, dynamischer und kontroverser. Nicht zuletzt auch umfassender, seinem Wesen nach grundlegend. Allen Beteiligten scheint klar zu sein, dass es jetzt ›gilt‹.

Bleibt die Frage, ob sich Ideen, die vor einhundert Jahren auf einem anderen Kontinent entstanden sind, auf unsere Gegenwart im Herzen Europas übertragen lassen. Anders gefragt: Was hat uns der klassische US-Progressivismus heute noch zu sagen? Das ist die falsche Frage. Denn weder geht es, wie oben erwähnt, um die buchstabengetreue Umsetzung progressiver Ideale, noch darum, alte Ideen umstandslos in die Gegenwart zu verpflanzen. Es hilft, sich klarzumachen, welche Inhalte den Motor bildeten, der die ursprüngliche progressive Bewegung derart Schwung aufnehmen ließ. Schnell finden sich Konflikte, die direkt aus der heutigen Zeit stammen könnten. Anders ausgedrückt: Die Sogwirkung progressiver Visionen gerade bei den Jüngeren in der Gesellschaft basierte schon damals auf Fragen, die heute auch viele Millenials und vor allem die um die Jahrtausendwende herum geborene Generation Z umtreiben.

Da ist etwa der wachsende Unmut darüber, wie ungleich Vermögen in einer modernen Gesellschaft verteilt ist. Mit dem Reichtum einiger weniger gehen für diese Privilegien einher, die für die Masse der Menschen auch mit lebenslanger harter Arbeit nicht zu erlangen sind. Wohlhabend zu sein, ermöglicht dabei nicht nur einen luxuriösen Lebenswandel, sondern auch politischen Einfluss. Und es führt – wie der amerikanische Soziologe Thorstein Veblen in seiner *Theorie der feinen Leute* schon 1899 aufzeigt – zu Prestige: Geld ist nicht mehr Mittel zum Zweck, sondern Selbstzweck. Deshalb zeigen die Reichen der Gesellschaft demonstrativ, was sie sich alles leisten können. Dieser verschwenderische Konsum geht auf Kosten der anderen, und nicht zuletzt der nachfolgenden Generationen, etwa, was die Auswirkungen auf die Umwelt betrifft: das Kernanliegen der heutigen Fridays-for-Future-Bewegung.

Eine der progressiven Ikonen der damaligen Zeit ist Jane Addams, treibende Kraft im Kampf um das Frauenwahlrecht in den USA. Addams hat Erfolg; landesweit wird die sogenannte *Women's Suffrage* 1920 Gesetz. Über zehn Jahre später wird ihr als erster Amerikanerin der Friedensnobelpreis verliehen. Die Dekade dazwischen verbringt Addams äußerst kämpferisch; unermüdlich setzt sie sich für die Rechte von Müttern (auch Alleinerziehenden), Kindern und Benachteiligten ein, die mit strukturellen Nachteilen im Bildungssystem zu kämpfen haben. Addams' modernes Verständnis von Weiblichkeit, das auch bedeutet, dass Frauen politische Ämter übernehmen, ist für die damalige Zeit revolutionär – und heute genauso aktuell wie eh und je.

Ganz in der Tradition des Progressivismus steht auch der Soziologe C. Wright Mills. Sein Buch *The Power Elite* von 1956 prangert die Machtstrukturen moderner Gesellschaften an. Mills kritisiert vor allem die zahlreichen und undurchsichtigen Verflechtungen von politischer, wirtschaftlicher und militärischer Elite. Sein Buch wurde bezeichnenderweise 2019 unter dem Titel *Die Machtelite* in Deutschland neu aufgelegt. Auch heute sorgt die Machtkonzentration an der Spitze der Gesellschaft, die oftmals weder demokratisch legitimiert noch transparent ist, für Frust bei vielen Menschen. Der Eindruck, die breite Bevölkerung werde nicht einbezogen und der öffentliche Diskurs vermieden, ist äußerst destruktiv: Manche fallen auf vermeintlich einfache Antworten auf die komplexen Fragen unserer Zeit herein, die ihnen Populisten anbieten. Andere verabschieden sich komplett aus der ›demokratischen Arena‹ und ziehen sich ins Private zurück.

Der progressive öffentliche Diskurs in den USA der Gegenwart greift diese und weitere Herausforderungen unserer Zeit auf, im Wissen um die progressive Ideengeschichte, aber – auch das typisch progressivistisch – mit dem Anspruch, der heutigen Situation gerecht zu werden. Naturgemäß hat sich progressives Denken seit den 1920er-Jahren weiterentwickelt. Umstände wie Ansprüche sind andere geworden. Schon bei Mills lässt sich erkennen, dass die öffentliche Debatte der 1950er-Jahre anders verläuft als diejenige, welche die Vorgängergeneration geführt hatte. Dasselbe gilt für die 2020er-Jahre noch einmal drei Generationen später. Im Unterschied zur Mitte des vergangenen Jahrhunderts befinden wir uns heute jedoch erneut an der fundamentalen Wegmarke, wo sich entscheidet, welchen Pfad die westlichen Demokratien über die nächsten zwei, drei Generationen einschlagen werden. Dieses relativ kleine Zeitfenster von vielleicht einer Dekade fällt mit zwei wichtigen Faktoren zusammen: Sowohl der Krisendruck als auch das Frustrationslevel der Jüngeren sind so hoch, dass sie in einen selbstbewusst vorgebrachten Gestaltungsanspruch umschlagen. Aktiv das Miteinander der modernen Gesellschaft zu formen ist in jeder Hinsicht besser, als deren Entwicklungen lethargisch über sich ergehen zu lassen, auch wenn an bestimmten Stellen die Gefahr einer Überkorrektur besteht.

Schon deshalb, vor allem aber wegen seines enormen gestalterischen Potenzials, bietet sich der Vergleich mit der Situation in den USA an. Dazu bedarf es dreier Schritte: Zunächst die vertikale zeitliche Übertragung von Ideen der Jahrhundertwende ins heute. Dann die horizontale Übertragung dessen, was in den USA erwachsen und in seine Form gekommen ist, auf hiesige Verhältnisse. Hierbei müssen wir eine Auswahl treffen: Welche Themen, welche Konfliktfelder und Akteure, welche konkreten Anwendungen sind für uns besonders interessant, welche hingegen zu US-spezifisch, als dass sie uns nützen könnten? Abschließend der dritte Schritt: die Modifizierung derjenigen Ansätze und Ideen, die hilfreich sind, für unsere Anliegen, wie sie uns der öffentliche Diskurs in Deutschland vor Augen führt.

Jeder dieser drei Schritte für sich genommen ist hochkomplex; in ihrer Gesamtheit haben wir es mit einer Herkulesaufgabe zu tun, für die es die Kräfte des Hulk bräuchte – allerdings um etwas Neues aufzubauen, nicht das Bestehende einzureißen. Ein Glück, dass wir uns – wie eingangs bemerkt – an Amerika orientieren können, und zwar im Gelungenen wie im Misslingenden. Sich zu orientieren bedeutet nicht, blind zu folgen. Ich sage nicht, dass der US-Diskurs dem deutschen Diskurs per se überlegen ist. Ebenso wenig maße ich mir an, sämtliche Defizite des deutschen Diskurses beheben oder gar nur aufzeigen zu können. Ersteres würde ich nicht behaupten, weil ich es als USA-Experte mit jahrelanger Erfahrung besser weiß. Letzteres würde ich nicht behaupten, weil ich weiß, dass hier andere besser Bescheid wissen...

Was ich allerdings in Anspruch nehmen möchte: Vor unseren Augen wächst unsere Welt immer enger zusammen; schon was das Digitale angeht, sind wir Zeugen einer globalen Entgrenzung. Die größten Herausforderungen unserer Zeit sind grenzüberschreitender Natur. Also wäre es anachronistisch, geradezu widersinnig, nach begrenzten, exklusiven und hochspezifischen Lösungswegen nur für das eigene Lager zu suchen und abgekapselt von den anderen an deren Umsetzung zu basteln. Angesichts der langen Erfolgsgeschichte einer transatlantischen Arena, in die Vordenker und Visionäre beider Seiten Ideen, Visionen und Konzepte hineingetragen haben: Was spricht dagegen, hieran anzuschließen und nun das Wesen des öffentlichen Diskurses in den Blick zu nehmen? Unsere gemeinsame westliche Tradition alleine wäre hierfür Grund genug. Wer am Zustand des ›Westens‹ heute Zweifel hat (und das schließt den Autor ein), findet die Motivation für einen transatlantischen Diskursabgleich womöglich in der drohenden Alternative: Chinas autoritär regierte Gesellschaft propagiert einen völlig anderen Öffentlichkeitsbegriff. Machen wir uns nichts vor, das Reich der Mitte rückt mit seinem Diskursverständnis schrittweise weiter ins Zentrum der globalen Akzeptanz. Gegenhalten kann hier nur, wer seinerseits ein attraktives, freiheitliches, modernes Diskursideal anzubieten hat. Ein Modell also, das Menschen für sich gewinnt, weil jede und jeder die Chance sieht, sich einzubringen. Auch wenn der demokratische Streit nun mal, wie es die amerikanische Philosophin Jean Bethke Elshtain vor Jahren in einem Gespräch mir gegenüber ausdrückte, größtenteils »chaotisch und ohne Formalien« abläuft – und, Zitat Elshtain, »that's just fine«.

Was bietet das Buch und wie ist es aufgebaut?

Die hektische, mancherorts hysterische Streitkultur unserer Zeit verstellt uns den Blick auf die dahinterliegenden Mechanismen. Eben deshalb braucht es eine systematische Strukturierung im Hinblick darauf, wie wir den öffentlichen Diskurs in den westlichen Demokratien unserer Zeit reflektieren. Ich stelle in diesem Buch dazu acht Thesen vor, die ich nacheinander in den folgenden Kapiteln ausführe:

1. Es spielt eine zentrale Rolle, auf welcher ideengeschichtlichen Folie sich unser heutiges Denken über den Diskurs und die Gesellschaft entwickelt. In Amerika erleben derzeit Ideen aus dem Progressivismus eine Renaissance; einhundert Jahre nach seiner Hochphase sorgt dieser Denkansatz dafür, dass abstrakte Konzepte und praktische Umsetzung besser denn je zusammengehen. Dieser amerikanische Pragmatismus, also der Ansatz, die Dinge stärker ›von ihrem Ende her‹ zu denken, würde uns auch in Deutschland guttun. Wir können hierzulande von dieser Neuinterpretation ›alter‹ Ideen profitieren, wenn wir sie uns in ›transatlantischer Übersetzung‹ zu eigen machen.
2. Der grundoptimistische Fortschrittsglaube der Progressivisten wird in Deutschland allzu leichtfertig als naiv oder alternativ gefährlich, weil irreführend, abgetan. Damit wird der Progressivismus in die Nähe des Populismus gerückt. Während keine politische Strömung vor populistischen

Tendenzen gefeit ist, ist es falsch, eine solch direkte Linie zu ziehen. Hinzu kommt, dass in den USA Populismus nicht ausschließlich negativ konnotiert ist. Er steht im Rückgriff auf die historische Populist Party auch für Emanzipation und Mitbestimmung, und zwar im rechten wie im linken Lager. US-amerikanische Denker haben wenig Berührungsängste mit ›populistischen‹, also massentauglichen Formaten, um ihre Ideen zu verbreiten: eine Chance, vor der ihre deutschen Pendants noch zu häufig zurückschrecken.

3. Progressives Denken ist in den USA aufgrund der Geschichte der Nation ›frischer‹, d. h. weniger durchgeplant. Links-liberale Ideen haben sich nicht in eine historisch gewachsene, (etwa gewerkschaftlich) organisierte Linke übersetzt, linke Parteien spielen keine relevante Rolle. Dieser vermeintliche Nachteil eröffnet neue Räume jenseits der Institutionen, in denen schneller, experimenteller, origineller gedacht wird als bei uns. Um Impulse dieser Art als transatlantische Inspiration aufgreifen und im eigenen Interesse bestmöglich nutzen zu können, muss sich v.a. die deutsche Linke von ihrem liebgewonnenen Anti-Amerikanismus lösen. Zu häufig ist er zum Synonym für (teils berechtigte) Kritik an den Exzessen des heutigen Kapitalismus geworden.

4. Das politische System Deutschlands kann im Vergleich zum US-amerikanischen als stabiler und besser abgesichert gegen anti-demokratische Tendenzen gelten. Es ist jedoch auch ungleich rigider und in seiner Bürokratie schwerfällig: ein echter Hemmfaktor für innovative Ideen und progressive Visionen, welche Amerika regelmäßig dabei helfen, einen Weg aus der Krise zu finden. Mit anderen Worten: Der öffentliche und der politisch-institutionelle Diskurs sind in Deutschland schärfer voneinander abgegrenzt, wenn diese Grenzen auch ein wenig durchlässiger werden. Dennoch

bleibt ein ›Reibungsverlust‹, dem viele Ideen zum Opfer fallen, die außerhalb der Parlamente entwickelt werden.

Rein formal bestehen zwischen den beiden Systemen der großen westlichen Demokratien USA und Deutschland viele Ähnlichkeiten. Wirklich interessant mit Bezug auf den öffentlichen Diskurs ist daher das Demokratieverständnis der Amerikaner. Schließlich bildet es den Rahmen für das politische System und formt es bis heute mit. (Bzw. hält es in seiner Form, die mittlerweile durchaus auch ihre Defizite hat. Die Anforderungen des 21. Jahrhunderts unterscheiden sich nun mal von den Leistungen, auf die der Systementwurf der Gründerväter im 18. Jahrhundert ausgelegt war.) Vom Demokratieverständnis leitet sich in großen Teilen das Diskursverständnis ab: eine Linie, die bereits Alexis de Tocqueville in seiner klassischen Schrift *Über die Demokratie in Amerika* (1835) gezogen hat, und die wir genauer als bisher in den Blick nehmen sollten.

5. Die Vereinigten Staaten von Amerika diskutieren in der Breite der Gesellschaft mit einer Lust über sich selbst, die man hierzulande vergeblich sucht: Was macht Amerika aus, gestern, heute und in Zukunft? Was hält die Nation zusammen? Politik, Wirtschaft, Kultur, Wissenschaft stehen alle im Austausch; darüber hinaus bringen sich aber auch Bürger in einem höheren Ausmaß als anderswo ein, die sich nicht von Berufs wegen mit derartigen Fragen beschäftigen. Alle genannten Akteursgruppen adaptieren, wo nützlich, Impulse von außerhalb der Landesgrenzen und ›amerikanisieren‹ diese. Beides würde der deutschen Debatte sehr helfen.

Das Phänomen lässt sich besonders gut daran aufzeigen, dass die – in Deutschland sehr scharf gezogene – Trennlinie zwischen ›Denkern‹ und ›Machern‹ an Bedeutung verliert. Tatsächlich sehen wir in zunehmendem Maße eine bewusste Zusammenführung beider Pole zu einem neuen Modell für unsere Zeit gerade in der Berufspolitik: Einige der führenden Köpfe auf dem Feld progressiver Ideen sind gewählte Abgeordnete. Sie sehen sich selbst jedoch in erster Linie als Mitstreiter in einer übergreifenden Bewegung, die nicht auf das Parlament beschränkt bleibt. Man bezieht viel Energie aus der Zivilgesellschaft, ein Vorteil, auf den deutsche Parlamentarier allzu oft verzichten.

6. Die stark polarisierte Medienlandschaft in den USA birgt bekanntermaßen das Risiko, dass Menschen nur noch das konsumieren, was ihre Sicht der Welt bestätigt. Oft wird jedoch übersehen, dass gerade der intellektuelle Wettbewerb mit denen, die politisch anders ticken, neue und originelle Ideen hervorbringt, die anschließend von der Gegenseite einer harten Prüfung unterzogen werden. Unterm Strich ist damit die mediale Debatte in den USA kontroverser, aber auch vitaler als bei uns. Da in einem privatwirtschaftlich organisierten Medienmarkt zudem (unabhängig von der politischen Ausrichtung) stärkere Wettbewerbskräfte wirken als in einem primär öffentlich-rechtlich über Steuergelder organisierten Medienmarkt, besteht auch in dieser Hinsicht in den USA erhöhter Innovationsdruck. Insofern sollten wir nicht kategorisch an der vermeintlichen Überlegenheit der ÖR festhalten und uns zumindest überlegen, welche Entwicklungen in den USA für uns von Interesse sein könnten – und welche nicht.

Hierher gehört auch die Frage, wie wir uns in Deutschland zum wachsenden Einfluss der sozialen Medien auf den öffentlichen Diskurs positionieren wollen. Der Einfluss der Tech-Branche auf die öffentliche Meinungsbildung ist ein Problem, zuallererst aber eine Tatsache unserer Zeit. Man darf fragen, ob eine offensive Auseinandersetzung mit den sozialen Medien letztlich nicht einer passiv-resignativen

Haltung, wie sie in Deutschland öfter vorkommt, vorzuziehen ist. Die jungen progressiven Denker in den USA nutzen ihre Verbindungen zur Social-Media-Welt des Silicon Valley effektiv bis hemmungslos. Kritische Medienkompetenz ist gerade für die Millenials, die als *digital natives* aufwachsen, wichtiger denn je. Doch stammen neueste Ansätze aus der Forschung hierzu wiederum primär aus den USA. Sie werden in Deutschland zu häufig nur am Rande wahrgenommen oder lediglich passiv rezipiert. Viel wäre gewonnen, wenn wir stattdessen diese Ansätze auf ihre Anwendbarkeit hierzulande prüfen und dann in für uns passender Form umsetzen würden.

7. US-amerikanische Hochschulen bringen ständig neue Ideen in den öffentlichen Diskurs ein. Die Mauer zwischen akademischer Debatte, politischem Wirken und gesellschaftlichem Zusammenleben ist niedriger als bei uns. Nicht alle Ideen bestehen in der Wirklichkeit jenseits des Campus, bei einigen kann man darüber nur erleichtert sein. Doch ist es unbestreitbar ein Gewinn, dass nach wie vor sehr viele Akteure durch die Drehtür zwischen Universität, Medien und Politik gehen, ganz anders als bei uns (aus deutscher Sicht bedeutend ist etwa der Werdegang der früheren Präsidentin der University of Pennsylvania, Amy Gutmann, die seit Jahresbeginn 2022 US-Botschafterin in Deutschland ist). Auch auf diesem Feld reflektiert sich das ganzheitliche Gesellschaftsverständnis Amerikas; eine gegenseitige Verantwortung von Akademie und breiterer Gesellschaft, miteinander im Austausch zu bleiben und so in der Tradition des Progressivismus zeitgemäße Entwürfe für diese Gesellschaft zu entwickeln.

8. Progressives Denken ist in den USA primär auf das eigene Land ausgerichtet. Für unsere einmalige Chance, sich in der US-Debatte quasi kostenlos und risikofrei umzusehen,

spielt dies keine Rolle. Es bedeutet jedoch aus amerikanischer Warte eine hohe Fokussierung und damit Effektivität im Diskurs. Wir können uns in Deutschland diesen Zugang nicht leisten, schon weil wir ungleich kleiner und dabei ungleich mehr auf unsere Umgebung angewiesen sind als die USA. Allerdings können wir uns aus denselben Gründen die beste aller Welten schaffen: Inspiration (auch) von außen, Umsetzung nach innen anhand für uns optimaler Maßstäbe. Ich plädiere dafür, die durchaus vorhandenen Übertragungsmöglichkeiten stärker in den Blick zu nehmen, was die Dynamiken und Themensetzungen im öffentlichen Diskurs der USA betrifft. Verzichten wir auf die Chance, uns an der größten Demokratie der westlichen Hemisphäre zu orientieren, wird der ›transatlantische Graben‹ an Tiefe gewinnen. Zudem werden alternative Ansätze, die wenig mit den vergleichsweise freien Bedingungen öffentlicher Debatte im Westen zu tun haben (man denke an Russland oder China), für die Bevölkerung hierzulande an Attraktivität gewinnen. Der öffentliche Diskurs nimmt fortwährend und unwillkürlich neue Impulse auf, das liegt in seiner Natur.

Im Sinne dieser acht Thesen ist das Buch eine Anregung zur Reflexion. Ebenso sehr ist es jedoch ein Appell: Lasst uns an der Idee einer inklusiven Debatte festhalten! Man kann vieles daran problematisch finden, den öffentlichen Diskurs als potenziell unbegrenzt große Arena mit vielen Zugängen auf allen Seiten zu begreifen. Umgekehrt gibt es genügend gute Gründe, genau das zu tun – Naivität oder falsche Rücksicht gehören nicht dazu. Sondern vor allem eine große Portion Pragmatismus.

Zeit zu handeln

Aus der unmittelbaren Beobachtung im Alltag und der praktischen Überlegung heraus steht außer Frage, dass unsere Welt jeden Tag enger verflochten ist. Wechselseitige Effekte der Beeinflussung finden sich allerorten, mal mehr, mal weniger offensichtlich. Im digitalen Raum zeigt sich diese reziproke Verbundenheit direkt und eindringlich, aber natürlich ist sie längst nicht auf diesen beschränkt. Für gewöhnlich nutzen die meisten von uns regelmäßig bis ununterbrochen – und nicht immer bewusst – Produkte und Dienstleistungen der Big Four der Tech-Industrie, Amazon, Apple, Google (Alphabet) und Facebook (Meta). Wir beginnen den Tag mit Alexa, beenden ihn mit Netflix und bezahlen alles dazwischen mit Visa, MasterCard oder American Express. Scheinbar kostenfrei kommen außerdem TikTok und Telegram zum Einsatz. Was die kommerzielle wie private Nutzung anbelangt, sind wir alleine dadurch ›geografisch‹ bereits mit den drei Weltregionen Nordamerika, China und Russland verbunden. Angesichts dieser globalen Verflechtung ist ein geografisch, national oder irgendwie anders begrenzter Diskurs nicht sinnvoll. Die meisten der anstehenden Herausforderungen sind nur gemeinsam zu lösen; eine limitierte Debatte ist ihrer Struktur und Reichweite nach nicht mehr zeitgemäß. Was könnte uns diese Einsicht drastischer vor Augen führen als die Corona-Pandemie oder der Ukraine-Krieg?

Lagerbildung und kleinteiliges Denken sollten spätestens jetzt, weit im 21. Jahrhundert, passé sein. Der amerikanische Journalist James Surowiecki, lange Zeit für den *New Yorker* tätig, beschwört in seinem gleichnamigen Buch *Die Weisheit der Vielen*. Surowiecki zufolge fallen Entscheidungen, die in Gruppen getroffen werden, oftmals (nicht immer!) besser aus als dies Einzelne vermocht hätten. Dabei stellt der Journalist – schon Anfang des Jahrtausends, als das Buch erscheint – klar, dass selbstredend nicht alle Gruppen »weise« sind. Wohl aber solche, die gewisse Kriterien erfüllen, wie ein ausreichendes Level an Diversität, Raum für unabhängige Überlegungen der einzelnen Mitglieder, und genügend Vertrauen dieser Mitglieder untereinander in den

Aushandlungsprozess der Gruppe. Surowiecki legt die Latte bewusst hoch. Und doch darf man umgekehrt fragen, ob wir wirklich allseits akzeptierte, tragfähige und also inklusive Lösungen von einem Diskurs erwarten dürften, der von vorneherein ganze Gruppen ausschließt und somit exklusiv ist?

Schließlich plädiert dieses Buch dafür, angesichts der Tatsache, dass wir dringend ins Handeln kommen müssen, einen ganz bestimmten Weg einzuschlagen. Genauer, eine bestimmte Reihenfolge einzuhalten, die sich in letzter Zeit häufig umgekehrt hat, und zu der wir wieder zurückkehren müssen: Verhandeln vor Handeln! Gerade den Jüngeren lässt sich schwerlich Untätigkeit vorwerfen; etwa beim Thema Klimaschutz legt die Generation Fridays for Future einen Elan an den Tag, den ehrlicherweise meine Altersgruppe zwanzig Jahre zuvor nicht aufzubringen wusste. Das verlangt unbedingt Respekt. Allerdings kommt manchmal über der Entschlossenheit zu handeln der Wert des Verhandelns im öffentlichen Diskurs zu kurz.

Gleichzeitig stimmt auch: Die Herausforderungen unserer Zeit unterscheiden sich qualitativ von denen des 20. Jahrhunderts. Sie sind generationenübergreifend, Ethnien- und Geschlechterüberschreitend, sie scheren sich nicht um Nationalgrenzen und Hoheitsgebiete. Und vor allem sind sie mit einem Zeithorizont versehen, der uns zu Entscheidungen zwingt: Klimawandel und Naturschutz, der Kampf um Ressourcen (Wasser, Nahrung, Öl und Gas), erneuerbare Energien, Bevölkerungswachstum und Migrationsbewegungen zwischen den benachteiligten und den privilegierten Teilen der Welt, Fragen der Rente, der Digitalisierung und des Datenschutzes, geostrategische Spannungen zwischen den Großmächten des Planeten – die Liste ist endlos. Neu ist sie hingegen nicht. Die wenigsten ihrer Bestandteile sind jüngeren Datums, die meisten haben sich über Jahrzehnte aufgebaut wie ein Gewitter am Horizont, das nun nur scheinbar plötzlich über uns steht. Alle wollen *be*-handelt werden, die meisten sogar gleichzeitig. Zuvor sollten sie allerdings unter Beteiligung möglichst vieler umfassend *ver*-handelt werden. Das bedeutet immer auch, dass wir als Nation, als Gesellschaft, als öffentliche Gemeinschaft im Diskurs uns selbst und damit unsere Wertvorstellungen und Zukunftsvorstellungen verhandeln.

Leichter gesagt als getan, fragt man den amerikanischen Journalisten Ezra Klein, denn die meisten Menschen wollen genau das laut ihm gar nicht unbedingt. »Die wesentliche Wahrheit«, so Klein in seinem Buch *Der tiefe Graben* von 2020, »lautet, dass fast niemand gezwungen ist, sich um Politik zu kümmern« (KLEIN 2020: 198). Für viele ist Politik daher höchstens ›ein Hobby‹, das man ab und an aus Interesse verfolgt, nicht mehr (ebd.). Dasselbe lässt sich – im Amerika wie im Deutschland der 2020er-Jahre – über den öffentlichen Diskurs generell sagen, der sich letztlich ja immer um politische Fragen dreht, also etwa die durch und durch politische Frage, wie wir zusammenleben wollen.

Wie bekommt man Menschen dazu, sich dafür zu interessieren, was sie praktisch angeht, und doch oft (im Vergleich zur nächsten Rechnung, die es zu begleichen, zu den Hausaufgaben des eigenen Kindes, die es zu kontrollieren, zur kranken Mutter, die es zu pflegen gilt) so theoretisch und abstrakt wirkt? Die Antwort findet Klein bei einem seiner Vorbilder, dem Publizisten Walter Lippmann. Dieser schreibt schon vor genau einhundert Jahren, im Jahr 1922, dass sich Menschen dann für politische Nachrichten interessieren, wenn sie »für eine Seite mitfiebern«, also »bestimmte Ergebnisse wollen« (KLEIN 2020: 205). Analog dazu wäre der öffentliche Diskurs wie ein spannender sportlicher Wettkampf, in dem sich Menschen engagieren, weil es für sie etwas zu gewinnen gibt: nützliche Informationen und Erkenntnisse, profitable neue Bekanntschaften und Netzwerke, prestigeträchtige Debattensiege oder einfach nur das gute Gefühl, Recht gehabt zu haben.

Als Erklärung dafür, weshalb der öffentliche Diskurs derzeit so hitzig ausfällt, wo immer er stattfindet, reicht dieser Ansatz nicht aus. Das Covid-19-Virus etwa ist ein Gegner, dem wir alle gemeinsam gegenüberstehen. Und dennoch spielt auch hier, und sicherlich bei den meisten anderen Themen, ein Element des Kräftemessens eine Rolle, der nicht zuletzt rhetorisch attraktive Wettbewerb mit anderen. Vor allem, wenn er sich zwischen politischen Lagern abspielt. Und vor allem, wenn Teile der hochpolitisierten Jüngeren mitmischen. Ein starker Teamspirit im Wir-gegen-die ist per se nichts Schlechtes und stärkt das Zugehörigkeitsgefühl. Allerdings kann Gruppenidentität auch ins Dogmatische abdriften und dann ihre Mitglieder zu überharten Verurteilungen Dritter verleiten, wie im Fall der Philosophie-Professorin Kathleen Stock. Ihre Stelle an der University of Sussex gibt sie nach massivem Druck der Studierenden bezüglich ihrer Ansichten zu Transgender-Rechten schließlich auf – was ist hiervon gewonnen? Um die feine, aber enorm wichtige Grenze zwischen ernsthaftem Politik-Engagement und ideologischer Härte zu wahren, ist es eben zentral, jeder Handlung ein reflektierendes *Ver*-Handeln der Streitsache voranzustellen.

Um kein Missverständnis aufkommen zu lassen: Heftiger Streit um die Sache ist in einer Demokratie kein schlechtes Zeichen. Er ist zunächst schlicht ein Beleg dafür, dass mittlerweile in jeder Streitsache, die in Deutschland Eingang in den öffentlichen Diskurs findet, mehr Parteien als früher involviert sind. Diese Parteien bringen ihre jeweils eigene Perspektive ein, und schon die Multiperspektivität im Diskurs veranlasst alle Seiten, ihren Standpunkt womöglich lauter und entschiedener kundzutun als dies zu Zeiten der Fall war, wo man sich um das eigene Gehört-Werden noch weniger Sorgen machen musste. Um eine Formulierung des deutschen Soziologen Aladin el-Mafaalani sinngemäß zu zitieren: Wenn alle am Tisch sitzen und ein Stück vom Kuchen abhaben und in einem nächsten Schritt sogar beim

Rezept des Kuchens mitreden wollen, dann erwächst hieraus Konfliktpotenzial und auch Streit. Diversität ist unbequem, aber gelebte Demokratie, sagt el-Mafaalani. Umgekehrt bedeutet die durchaus vorhandene Vitalität, die demokratischer Debattenstreit ausdrückt, nicht, dass wir unsere Diskursgewohnheiten nicht dennoch einmal grundsätzlich überdenken sollten. Viele gute Errungenschaften im Diskurs sollten wir nicht nur beibehalten, sondern tatsächlich besser schützen und wo immer möglich stärken. Andere Entwicklungen sind zweifelhafter Natur: Wieso bedeutet Expertise auf einem Feld auch Autorität auf anderen Feldern, wie wir dies etwa bei den zahllosen Corona-Experten der letzten Jahre erlebt haben? Sie können womöglich ausgezeichnete Forschung, aber deshalb noch lange nicht automatisch patente Politikratschläge bieten. Wiederum andere Entwicklungen sind ganz klar schädlich: Seit wann hat Recht, wer lauter ist, wie offenbar Demonstranten auf beiden Seiten in Sachen Corona-Management meinen? Die schlechteste Alternative zum gemeinsamen öffentlichen Verhandeln jedweder Streitsache ist sicherlich hektischer Aktionismus, wie er sich in letzter Zeit häufiger bei den allzu sehr von sich und der guten Sache Überzeugten beobachten lässt. Vor dem Handeln steht das Denken. Wie wir streiten, formt unser Selbstverständnis, und hieraus leiten sich sämtliche konkreten Gestaltungsmöglichkeiten im Politischen ab. Deshalb gilt: Verändern wir den Diskurs, verändern wir unser Zusammenwirken als Gesellschaft konstruktiv. Konstruktiver Diskurs ist immer nach vorne gerichtet, fortschrittlich, sich entwickelnd. Im Wortsinn: progressiv.

Mir ist bewusst, dass ›progressiv‹ in unserer deutschen Debatte einen bestimmten Klang hat. Wer sich politisch in der Mitte oder im konservativen Spektrum verortet, fühlt sich womöglich ausgeschlossen, weil ›progressiv‹ vermeintlich mit links gleichzusetzen ist bzw. in der Vergangenheit traditionell mit links gleichgesetzt wurde. Wer viel in den sozialen Medien unterwegs ist, empfindet den Begriff ›progressiv‹ schnell als moralisierend; oftmals stehen sich ›die Progressiven‹ (etwa der PoMo-Bubble) und die anderen gegenüber, die angeblich nicht auf der Höhe der Zeit sind. Letztere wehren sich, auch dadurch, dass sie ›progressiv‹ mit naiv verbinden, mit der rosaroten Brille auf eine Welt, die doch nach klarem Blick und harten Entscheidungen verlangt. Auch lässt sich nicht leugnen, dass ›progressiv‹ mittlerweile ziemlich abgenutzt ist, schon, weil unterschiedlichste Lager den Begriff für sich reklamieren und im Sinne von ›modern‹ benutzen. Progressiv ist beliebig geworden.

An all diesen Zuschreibungen ist etwas dran. ›Progressiv‹ heißt in unserem Kontext jedoch konkret: auf Fortschritt ausgerichtet. So schlicht lautet eine Kernüberzeugung der US-amerikanischen Variante des Progressivismus. Diese Philosophieströmung nahm zu Beginn des 20. Jahrhunderts Fahrt auf und sollte ihre stärkste Ausprägung in den Vereinigten Staaten der 1920er-Jahre erreichen. Zu ihrem Erbe gehören Franklin D. Roosevelts New Deal Politik der 1930er-Jahre ebenso wie Lyndon B. Johnsons Great Society noch einmal drei Jahrzehnte später. Heute, einhundert Jahre nach der progressiven Hochphase, gewinnen die zentralen Glaubenssätze von damals in den USA wieder rapide an Bedeutung, wie ich zeigen werde. Die Vertreter einer progressiven Debatte legen Wert auf diskursive Mitbestimmung, weil sie den Menschen als soziales Wesen begreifen. Erst im demokratischen Diskurs mit anderen bestimmen wir unsere Position, immer wieder aufs Neue – und dies, weil und indem wir von den anderen lernen. Schon deshalb muss der öffentliche Meinungsbildungsprozess so inklusiv wie möglich sein. Kontroverse ist gut, denn sie fördert kritisches Denken. Jeder Einzelne sieht sich gezwungen, seine Position zu begründen – oder zu hinterfragen: So wird Fortschritt möglich, für das Individuum wie für die Gesellschaft als Ganzes.

Ja, in seiner US-amerikanischen Bedeutung ist der Begriff ›progressiv‹ bei seinen Gegnern ebenfalls negativ konnotiert; es sind in der Regel diejenigen, welche von der derzeitigen Beschaffenheit westlicher Gesellschaften profitieren und daher naturgemäß kein Interesse an ihrer Veränderung haben. Doch ist ›progressiv‹ in den USA nicht zwingend einem politischen Lager zuzuordnen. Auch haben US-Progressive wiederholt bewiesen, dass sie hart kämpfen und harte Entscheidungen treffen können. In einer Gesellschaft, die nach wie vor davon ausgeht, dass jeder seines eigenen Glückes Schmied ist, steht ›progressiv‹ für eine faire Chance auf dieses Glück, nicht für Rundumversorgung. Dennoch, so viel Transparenz muss sein, ist mein Buch an diesem Punkt nicht neutral. Ich bin überzeugt, dass auch wir in Deutschland von einem progressiven Diskursansatz profitieren würden, wie er in den USA bereits gelebt wird (was keinesfalls mit dortiger ungeteilter Zustimmung zum Progressivismus gleichzusetzen ist). In den folgenden Kapiteln zeige ich auf, was das auf verschiedenen Feldern für Konsequenzen hätte. Und ich behaupte, dass wir gut daran täten, angesichts der derzeitigen Diskursverengung und der Verhärtung der politischen Lager etwas Neues zu wagen.

Bisher dominante, überwiegend bewahrende bis reaktionäre Deutungsmuster und Handlungsmuster haben unsere Gesellschaft nicht in Form gebracht. Zumindest nicht so, wie es angesichts der Herausforderungen der 2020er-Jahre und darüber hinaus wirklich notwendig wäre. Die Verkrustung der öffentlichen Arena behindert eine sachliche Auseinandersetzung und vor allem neue Impulse in Politik, Medien und Zivilgesellschaft massiv. Schmerzlich wird uns vor Augen geführt, dass zu wenig Schwung, zu wenig Veränderungspotenzial angesichts der sich häufenden Krisen unserer Zeit ein schweres Defizit darstellen. »Wenn die Regel, der du bisher gefolgt bist, dich hierher geführt hat, was ist die Regel dann wert?«, fragt Anton Chigurh in Cormac McCarthys Roman *Kein Land für alte Männer*. Chigurh ist ein Psychopath, doch die Frage hat ihren Sinn. So verkantet, wie wir uns derzeit im öffentlichen Diskurs wiederfinden: Wollen wir wirklich auf dieselbe Art und Weise weitermachen? Setzen wir uns einmal ernsthaft damit auseinander, was der US-amerikanische Progressivismus in seiner modernen Ausprägung für uns bereithält. Deutschland hat das Glück, Teil der Staatengemeinschaft der westlichen Hemisphäre zu sein. An dieser Gemeinschaft gibt es vieles auszusetzen. Doch bedeutet sie immer noch die Chance, sich unter Ähnlichen umsehen zu können und von ihnen, ihren Versuchen, ihrem Scheitern zu lernen – ein Vorteil, den andere Länder wie etwa China nicht haben, eine Nation, die sich kategorisch Impulsen von außen gegenüber verwahrt und dadurch viele Chancen zu lernen vergibt.

Für wen ist das Buch gedacht?

Als ich Anfang des Jahres 2008 Cornel West zum Gespräch an der Princeton-Universität treffe, sitzt dieser in seinem Büro gerade über einem Big-Mac-Menü samt Dr-Pepper-Cola. Er nehme sein Lunch immer am Schreibtisch ein, erklärt Amerikas bekanntester schwarzer Intellektueller, es bleibe sonst einfach keine Zeit. West ist ausnehmend höflich, und er interessiert sich für alles. So erklärt er mir, dass die Marke Dr Pepper älter sei als Coca Cola. Außerdem ist West tatsächlich sehr beschäftigt. Wenige Jahre zuvor ist der Bestseller *Democracy Matters* erschienen, und seitdem tourt sein Autor kreuz und quer durch die USA. West warnt unermüdlich vor der »Gangsterisierung Amerikas« (WEST 2004: 8), davor, dass es in jeder aufgeheizten Debatte Profiteure gibt, denen sehr daran liegt, den Streit weiter anzufachen und die gegnerischen Lager gegeneinander aufzuhetzen.

Beeindruckenderweise – und erschreckenderweise – hat Wests Buch auch beinahe zwei Dekaden nach seinem Erscheinen nicht an Aktualität eingebüßt. Der progressive Vordenker erkannte bereits in den Nullerjahren die reale Gefahr, die einer freiheitlichen Demokratie drohen kann, eben weil sie die freiheitliche Meinungsäußerung an die erste Stelle setzt. Der öffentliche Diskurs muss vieles aushalten, und deshalb hat Demokratie wehrhaft zu sein, robust gegen Anfeindungen. Doch das Aushalten, daran lässt West keinen Zweifel, gehört dazu: Vehement spricht er sich dafür aus, »alle autoritären Strategien, Stimmen zum Verstummen zu bringen, zu zerschlagen« (ebd.: 7).

Es ließe sich sagen, dass zur Zeit unseres Gesprächs in Princeton immerhin die Verursacher der Probleme, mit denen sich die Demokratie konfrontiert sah, noch leichter auszumachen waren. Natürlich gibt es diese ›Gangster‹ auch heute noch; Donald Trump ist nur das prominenteste Beispiel der jüngeren Zeit, was eine Bedrohung von innen angeht. Wladimir Putin bekämpft die Demokratie mit aller Macht von außen. Immer häufiger jedoch haben wir es mit einem Hulk-Diskurs zu tun, der unvermittelt große zerstörerische Kraft entwickelt, ein Chaos, das sich nicht mehr immer eindeutig einer Quelle zuordnen lässt. Im Trubel geht schnell der Überblick verloren. Zeit, einen Schritt zurückzutreten und das Geschehen von außen zu betrachten.

Dieses Buch ist vor allem für diejenigen gedacht, die bereit sind, sich aktiv in unsere Demokratie einzubringen: als informierte Bürger, als gestaltende Teilnehmende an einer aktiven Zivilgesellschaft. Diejenigen, welche neben ihrem Beruf, Studium oder Schuldasein die Kraft und den Willen aufbringen, nach Lösungen für die Herausforderungen unserer Zeit zu suchen: die allgegenwärtige Digitalisierung, der Klimawandel, die Chancengleichheit und der faire Umgang aller Gesellschaftsmitglieder miteinander, die Rolle des deutschen Staates hinsichtlich seiner Bevölkerung, Deutschlands Rolle in der Welt. Ich möchte alle ansprechen, die den öffentlichen Diskurs gegen eine Schwächung von innen oder außen verteidigen. Und nicht zuletzt geht es mir natürlich um die junge Generation politisch Engagierter, die große Teile des 21. Jahrhunderts in der westlichen Hemisphäre prägen werden, und zwar digital vernetzt und angesichts der Herausforderungen auch zunehmend international im Austausch.

Kraft und Entschlossenheit sind ausreichend vorhanden. Wenn dieses Buch etwas dazu beisteuern kann, in welche Form diese Kraft und Entschlossenheit im öffentlichen Diskurs zukünftig gegossen werden könnten, wäre schon viel gewonnen.

Anfangs wirkt ein gedrucktes Buch, das einige ebendieser Mechanismen in unserer schnelllebigen digitalen Debatte freilegen will, vielleicht aus der Zeit gefallen. Gut möglich, dass es uns gar komplett unnütz erscheint: Lesen nimmt Zeit in Anspruch, die wir doch auf die nächsten Tweets verwenden könnten, oder? Dabei zwingt uns die Langsamkeit des analogen Konsumierens und Nachdenkens, Distanz zum Geschehen einzunehmen. Somit kann der Weg frei werden, sich von der eigenen emotionalen Involviertheit in den Streit zu lösen – wobei hierfür, so viel Ehrlichkeit muss sein, weit mehr als 140 Zeichen nötig sind (dieses Buch hat rund 360.000 davon). Davon profitiert auch die Aufmerksamkeit, die wir einem bestimmten Aspekt oder Thema widmen (können). Microsofts aufsehenerregende Studie von 2015, wonach uns auf diesem Feld jeder gewöhnliche Goldfisch überlegen ist, wird mittlerweile oft angezweifelt; dabei sollte uns Motivation genug sein, dass wir Menschen mittlerweile offenbar ernsthafte Konkurrenz von Zierfischen bekommen, die den ganzen Tag im Kreis schwimmen.

Die im zweiten Teil folgenden acht Kapitel umfassen je eine These, die auf einer Beobachtung bezüglich des öffentlichen Diskurses in den USA aufbaut. Dabei muss das Buch nicht zwingend von vorne nach hinten durchgelesen werden; es ist auch möglich, mit demjenigen Kapitel zu beginnen, welches das größte Interesse erweckt, allerdings gibt es zwischen den Kapiteln Querbezüge, manche Aspekte bauen aufeinander auf. Nicht jede Eigenheit des US-amerikanischen Diskurses lässt sich auf hiesige Verhältnisse übertragen, und wir sollten es auch nicht versuchen. Welche Beobachtung bezüglich der Situation in den USA interessanter, reizvoller oder auch irritierender erscheint als eine andere, überlasse ich den Lesern. Ansonsten würde ich meinem eigenen Diskursverständnis widersprechen. Wie oben erläutert heißt Diskurs eben das Aushandeln von Vorschlägen und Alternativen, und das muss auch für die im Folgenden gemachten Vorschläge gelten. Andererseits bin ich in dieser Angelegenheit, auch das wurde oben erklärt, nicht neutral: Die acht Thesen tragen zusammengenommen mein Argument, dass wir von einer kritischen Anteilnahme an den amerikanischen Entwicklungen nur profitieren können.

Democracy matters, wie West noch heute mahnt, beinahe anderthalb Jahrzehnte später. Untrennbar verwoben mit allen demokratischen Belangen ist der öffentliche Diskurs unserer Zeit. Vielleicht heute mehr denn je, wo potenziell jeder zu allem jederzeit sprechen kann, und wir genau deswegen Gefahr laufen, etwas zu übersehen: Echtes Reden unterscheidet sich von bloßem Sprechen darin, dass es immer auch das Reagieren auf die andere Seite einschließt. Die andere Seite, das sind zunächst ganz konkret die anderen Positionen im Diskurs, die von der eigenen Sicht der Dinge abweichen. Im vorliegenden Kontext soll die ›andere Seite‹ darüber hinaus auch sinnbildlich für die andere Seite des Atlantiks stehen, für das, was sich in den USA derzeit an progressiver öffentlicher Debatte neu entfaltet. Die folgenden Beobachtungen können uns dabei helfen, einen Weg auszumachen, der uns nicht weiter in Richtung Hulk-Diskurs und stattdessen in konstruktiveres Gelände führt. Wir sind längst unterwegs. Und wir sollten uns beeilen.

Was steht auf dem Spiel?

»Who washes a rental car?«, fragt man in Amerika. Die Frage, wer eigentlich sein Mietauto wäscht, ist zum geflügelten Wort geworden. Sobald der Schlüssel im Schloss steckt, will jeder nur das meiste aus dem Fahrzeug herausholen. In welchem Zustand es nach der Rückgabe ist, spielt keine Rolle, wahrscheinlich wird der Mieter dieses Auto nie wiedersehen. Genau so dürfen und können wir mit dem öffentlichen Diskurs nicht umgehen. Und tun es dieser Tage eben häufig doch.

Demokratischer Streit ist kein Deal auf Zeit, sondern ein auf Dauer angelegter Prozess für die gesamte Gesellschaft. Was der Einzelne beiträgt, hat Auswirkungen auf andere. Früher oder später fällt es auch auf ihn selbst zurück. Jede Partizipation im Diskurs verändert dessen Charakter und sorgt etwa dafür, dass dieser Diskurs graduell freiheitlicher oder restriktiver wird, dass andere sich trauen, teilzunehmen oder nicht usw. Ein achtsamer, verantwortungsvoller Umgang mit der eigenen Rolle im öffentlichen Diskurs ist also essenziell. Eine »Mietauto-Attitüde« hingegen, also der rücksichtslose Umgang mit anderen und den Regeln im Diskurs, richtet nachhaltigen Schaden an. Nicht immer ist das unmittelbar offensichtlich, weil die Gruppe der Diskursteilnehmenden so groß (bzw. im Internet auch so anonym) ist. Aber der Schaden ist tiefgreifend, oft hat auch die nachfolgende Generation damit noch zu kämpfen. Dabei ist klar, dass gelebte Demokratie nie die Idealform annimmt, welche im Proseminar Politikwissenschaft an der Universität gelehrt wird. Auch erreicht der demokratische Diskurs immer nur einen Teil der Bevölkerung, in aller Regel denjenigen, der ohnehin politisch interessiert ist. Während die allermeisten Menschen die allermeiste Zeit (in dieser Hinsicht!) weder besonders gut informiert noch willens sind, daran etwas zu ändern, gibt es Ausnahmen von der Regel – und noch wichtiger: Zeiten, in denen die Anreize, sich im öffentlichen Diskurs einzubringen, höher sind als normalerweise. Dies gilt mit Sicherheit für das aktuelle Jahrzehnt, und es gilt nach über zweieinhalb Jahren Pandemie-Ausnahmezustand und angesichts des neuen Krieges in Europa mehr denn je.

Charles Dickens' Erzählung vom Anfang dieses Buches ist eine Geschichte über Dinge, die noch passieren können, nicht über Dinge, die genau so werden sein müssen. Es ist eine Geschichte über Potenziale, Abwägungen, Gestaltungsmöglichkeiten.

Über Risiken und die Kraft der Vision, den Impuls, etwas Neues zu wagen. Also eine Geschichte über Weggabelungen. An einer solchen befinden wir uns zu Beginn der 2020er-Jahre, was den Charakter und die ›Farbe‹ des Diskurses betrifft. Hören wir die Warnung, welche die Geister unserer Zeit aussprechen – oder überhören wir sie im Lärm aufgeheizter Streitkultur, die mancherorts Selbstzweck geworden ist? Die Antwort auf diese Frage wird nicht zuletzt über den Verlauf und das Schicksal der Demokratie(n) im 21. Jahrhundert entscheiden.

Ohne Diskurs ist Demokratie nur eine leere Hülle. Wem diese Formulierung banal oder einfach zu pathetisch erscheint, der mache sich klar, dass etwa in den Vereinigten Staaten längst radikale Alternativen diskutiert werden. Eine besteht darin, die weniger Gebildeten kurzerhand vom öffentlichen Diskurs – und dann auch gleich vom Wahlrecht – auszuschließen. Wie ich in meinem Buch *Game Over* erläutere, steht solchen elitären Überlegungen noch die US-Verfassung entgegen. In Deutschland bewahrt uns das Grundgesetz davor, das Recht zur Mitsprache für alle leichtfertig über Bord zu werfen, egal, in welcher Absicht dies geschehen möge. Allerdings verlangt uns unser inklusives Modell so Einiges ab. Der Anspruch, nach Möglichkeit niemanden außen vor zu lassen, ist eine echte Belastungsprobe für die eigene Toleranz, auf Twitter, auf YouTube, und auch in den Leserkommentarspalten der großen Blätter. Engagement ist nicht gleich Informiertheit, und Informiertheit vermeintlich nicht einmal mehr unbedingt Voraussetzung für Engagement.

Doch muss eines klar sein: Wir haben keine Wahl. Die moderne Demokratie des Westens muss einen weiten Raum bieten, einen Raum, der sich faktisch laufend vergrößert. Nicht aus falsch verstandener Kulanz, sondern aus Selbstschutz. Nur so können wir verhindern, dass sich am Rand unserer öffentlichen Arena Debattenschauplätze bilden, wo man sich kaum um Demokratie und ihre Werte schert. Das bedeutet gerade nicht *anything goes*.

Öffentlicher Streit ist nicht schrankenlos, moderne Demokratie muss nicht alles ertragen. Im Gegenteil, sie soll Zähne zeigen, wenn ihr jemand unter dem Deckmantel der Meinungsfreiheit zu Leibe rückt. Falsche Toleranz gegenüber Angriffen von außen heißt Ungerechtigkeit gegenüber denjenigen, die im Zentrum stehen. Echte Toleranz für Andersdenkende, für Skeptische, für Unangepasste und Freigeister ist hingegen elementar, wenn sie auch viel Energie und Nerven kosten mag.

Tatsächlich haben die meisten von uns eine recht konkrete Vorstellung davon, wie ein konstruktiver öffentlicher Diskurs aussehen kann. Es sind dies nicht nur diejenigen, die noch eine Welt ohne Internet und soziale Medien erlebt haben. Damals waren womöglich die Bandagen im Diskurs bereits ähnlich hart, die Verstärkereffekte allerdings nicht im Ansatz mit den heutigen vergleichbar. Auch die um die Jahrtausendwende herum Geborenen wissen intuitiv, was einen fairen Streit zur Sache von einer Schlammschlacht unterscheidet. Damit sind sie in gewisser Hinsicht dem alten Ebenezer aus Dickens' Erzählung voraus. Beinahe sein ganzes Leben lang war er taub für den Wert, den der Austausch mit anderen für das eigene Leben bedeutet. Erst der Schock der gespenstischen Weihnacht bringt ihn zur Räson; fast wäre es zu spät gewesen. Ungefragt hatten die Geister der damaligen Zeit an seine Türe geklopft. Gelingt uns, in den 2020er-Jahren, dieselbe Erkenntnis, nun, da die Geister unserer Zeit bereits im Wohnzimmer des 21. Jahrhunderts stehen? Und sind wir – ein zweiter, qualitativ anderer Schritt – bereit, diese Erkenntnis umzusetzen zum Wohle aller?

»I am talking here about something deadening and peculiar, the inability of all of us to speak to one another in any direct way.«
Joan Didion

TEIL II
NEUE BRÜCKEN ÜBER DEN ATLANTIK.
PROGRESSIVER DISKURS IN DEN USA UND BEI UNS

Öffentlicher Diskurs ist im Idealfall wie ein Mensch-ärgere-dich-nicht-Spiel. Alle Beteiligten wissen um das Regelwerk und halten sich daran. Es gibt keinen Schiedsrichter; wer mitspielt, lässt sich auf das Prozedere ein. Innerhalb der Regeln tut dennoch jeder alles, um zu gewinnen, darum geht es schließlich. Vorausgesetzt, alle Mitspieler einigen sich, sind unzählige Regeländerungen und Varianten denkbar. Nur eines macht jede Mensch-ärgere-dich-nicht-Partie kaputt: Wenn Einzelne eigenmächtig die Regeln ändern.

Die demokratische Debatte unserer Zeit ist ungleich komplexer (und spannender!) als das gute alte Hütchenspiel, dennoch: Auch hier geht es um Taktik, um das Auskämpfen von Meinungen, um das Durchsetzen einer Position, und ja, legitimerweise auch um den eigenen Vorteil. Ein Unterschied zum Brettspiel besteht darin, dass Win-win-Situationen vorkommen bzw. auch gezielt herbeigeführt werden können. Dies sollte, wo immer möglich, das oberste Ziel sein, natürlich nur dann, wenn man sich nicht demokratiefeindlichen Haltungen gegenübersieht.

Die folgenden acht Anmerkungen zum öffentlichen Diskurs – und wie wir diesen voranbringen – umfassen je ein eigenes Kapitel. Sie lassen sich grob in drei Gruppen einteilen: In den ersten drei Kapiteln liegt der Fokus auf dem konzeptionellen Rahmen sowie der Ideengeschichte, die den progressiven Diskurs und sein Wirkungsfeld heute prägen. Im nächsten Schritt und den hierzu gehörigen vier Kapiteln geht es um die Beschaffenheit der Bühne, auf der sich die aktuellen Entwicklungen abspielen: Welche speziellen Eigenschaften weisen das politische System, die Medienlandschaft und der Bildungssektor auf und wie beeinflussen diese Eigenschaften den typisch US-amerikanischen Diskurscharakter? Hiermit verbunden ist die Frage, weshalb die hier skizzierten Entwicklungen im Diskurs eine solche Schlagkraft entwickeln: Wie gelingt es den führenden Akteuren im Feld, ihre Position so stark und gleichzeitig so attraktiv zu machen, und wie steht es um das Verhältnis dieser Akteure und der Öffentlichkeit, also potenziell der Gesamtheit der Bevölkerung? Im achten Kapitel, welches diesen Mittelteil des Buches abschließt, steht die Anwendungsbezogenheit der Diskursansätze im Mittelpunkt. Dabei sind die Impulse, welche die Hochschulen in die breitere Öffentlichkeit aussenden, nur ein – allerdings recht prägnantes und plastisches – Beispiel dafür, wie die praktische Umsetzung aussehen kann. Und auch dafür, was hierbei alles schiefgehen kann. Und so wird in diesem Kapitel der Bogen in Sachen Diskursideen und Anwendung noch etwas weiter gespannt: Inwiefern ließen sich die gemachten Beobachtungen bezüglich der USA auf die Situation in Deutschland übertragen und was wären die Konsequenzen?

1. EIN BLICK ZURÜCK UND EIN BLICK NACH WESTEN. AMERIKANISCHER PROGRESSIVISMUS ALS INSPIRATION

Die Vereinigten Staaten von Amerika sind in vielfacher Hinsicht ein Land der Widersprüchlichkeiten. Womöglich weist die Nation aufgrund ihrer riesenhaften Größe in diesem Punkt mehr Toleranz auf, als dies anderswo der Fall wäre. Wer mit seinen Nachbarn in Montana nicht klarkommt, kann ihnen problemlos ausweichen: Der Bundesstaat hat die Fläche von Deutschland und die Einwohnerzahl von Köln.

Ein vermeintlicher Widerspruch auf weltanschaulicher Ebene ist hingegen unausweichlich; er gilt landesweit: Rund einhundert Jahre nach ihrer Hochphase sorgen progressive Ideen dafür, dass der in großen Teilen der Bevölkerung noch immer sehr präsente Fortschrittsglaube neu erstarkt, und zwar milieuübergreifend. Die Wiederbelebung dieses Denkansatzes stellt keine Verdrängung der krisenhaften Wirklichkeit dar, mit der sich das Land nun seit über zwei Jahrzehnten arrangieren muss. Wie eingangs erwähnt, kennt Amerikas Generation Z nur Krise. Gerade in dieser Generation jedoch werden progressivistische Konzepte deutlich klarer als bis vor Kurzem artikuliert – und zwar als gestalterische Reaktion auf die erlebten Härten.

Progressivismus im Jahr 2022 bedeutet für diese jungen Menschen, die eigene Gegenwart und Zukunft in die Hand zu nehmen.

Sie, die im Verlauf der nächsten zwanzig Jahre in politische, wirtschaftliche und mediale Führungspositionen rücken werden, führen schon jetzt mit viel Energie und Entschiedenheit einen progressivistischen Diskurs zu den Ideen der Zukunft. Wir sehen hier den Gegenentwurf zum lange Zeit dominanten Nihilismus in der US-Gesellschaft, den Cornel West schon vor zwanzig Jahren lagerübergreifend beklagt hatte. Dieser Nihilismus erstickt die Energie einer Demokratie, denn er untergräbt laut West bei den Menschen das Gefühl einer »Bedeutung und eines höheren Zwecks« (WEST 2004: 27). Der Einzelne ist angesichts der »gesellschaftlichen Kräfte, die außerhalb jeglicher Kontrolle« erscheinen, »desillusioniert« (ebd.). So geht nicht nur nachhaltig Vertrauen in politische Entscheidungsträger verloren, die sich in den Augen der Bevölkerung größtenteils der Korrumpierung durch die Kräfte des Markts ergeben haben und schlicht auf Profit und Machtausübung aus sind. Viel schlimmer ist, dass der Glaube an die Gestaltungsmöglichkeiten bezüglich der eigenen Existenz tiefe Risse bekommen hat. Die einen verfallen in der Folge in politische Apathie, sie sind für West »Schlafwandler vom Mutterleib bis ins Grab« (ebd.) und lassen die Welt über sich ergehen. Die anderen nehmen die grassierende Bereicherung an der politischen Spitze als Rechtfertigung dafür, ähnlich ungehemmt und rücksichtslos den eigenen Vorteil zu suchen.

Selbst West, der den progressivistischen Optimismus personifiziert, kommt angesichts dieser Diagnose in den Nullerjahren an seine Belastungsgrenze. Dabei weiß auch er, dass die Amerikaner ihre (partei-)politischen wie gesamtgesellschaftlichen Verhältnisse schon einmal einer Generalüberholung unterzogen haben. Anfang des 20. Jahrhunderts arbeitet die Progressive Bewegung entschlossen daran, die *machine politics* loszuwerden: Seit der Mitte des 19. Jahrhunderts hatte sich eine ›Maschinerie‹ nominell gewählter Politiker etabliert, die quasi straffrei in einem Geflecht aus Korruption und Patronage agieren und die Politik und damit die gesellschaftlichen Verhältnisse faktisch dominieren konnten. Die progressive Aufräumaktion betreffend dieser vielen unerträglich gewordenen Verhältnisse beginnt mit der kritischen öffentlichen Debatte dessen, was sich ändern muss. Und sie endet mit neuen politischen Fakten: Kartelle werden zerschlagen, eine bundesweite Einkommenssteuer eingeführt, Kinderarbeit streng reguliert und Arbeitsbedingungen generell stark verbessert, um nur die wichtigsten Neuerungen zu nennen.

Die Parallelen zum aktuellen Diskurs der jungen Generation sind offensichtlich: etwa mit Bezug auf die Monopolstellung großer Unternehmen, in jedem Fall mit Bezug auf arbeitsrechtliche Regelungen wie den Mindestlohn. Progressive Anliegen unserer Zeit, die immer lauter formuliert werden, sind darüber hinaus die Forderung nach Standards beim Umweltschutz und eine höhere Geschlechtergerechtigkeit. Cornel Wests Sorge, wonach die politische Kultur der USA einfach so »uninspirierend« (WEST 2004: 65) geworden sei, dass sich viele ins Privatleben zurückzögen und lieber von der Unterhaltungsindustrie »ablenken« (ebd.) ließen, ist sicher nicht veraltet. Aber sie ist heute, zwei Jahrzehnte später, nicht mehr die ganze Wahrheit – weder in den USA noch in Deutschland. Und auch West war damals nicht bereit, angesichts der erdrückenden »Businesskultur« einer »marktdominierten Gesellschaft« (ebd.: 102) kleinbeizugeben. Für ihn liegt die Rettung des öffentlichen Diskurses in den progressivistischen Stimmen der Künstler, der Aktivisten und Intellektuellen, die bereit sind, sich ebenso kritisch wie zuversichtlich einzubringen. Sie haben als Außenstehende, die sich (noch) nicht der »Businesskultur« der Profitmaximierung verschrieben haben, laut West »energetisierende Visionen« anzubieten. Damit sind sie in der Lage, das »amerikanische demokratische Projekt« nach vorne zu bringen (ebd.).

Lässt man einmal den für unsere Ohren ungewohnten Pathos außen vor, wird bei West eine elementare Eigenschaft progressivistischen Diskurses sichtbar. Bis heute hat sie nichts an Relevanz verloren, im Gegenteil: Der Glaube an den Fortschritt, der sich aus visionären Ideen speist, ist die Basis dafür, dass manche dieser Ideen Realität werden können. Diese Einsicht beschreibt keine Selbstverständlichkeit, und sie ist auch nicht naiv. Ohne Inspiration kein Vorankommen. Und: Diese Inspiration muss aus unterschiedlichsten Quellen, aus der Breite der Teilnehmer am Diskurs stammen, wenn ihr Potenzial ausgeschöpft werden soll. Was stimmt: Progressivistisches Denken fußt auf einem gewissen Idealismus, der Bereitschaft, das Potenzial zur Verbesserung über den vorhandenen Risiken nicht aus den Augen zu verlieren. Hierzu stellt der Harvard-Psychologe Steven Pinker in seinem Buch *Enlightenment Now* von 2018 klar, dass die »Hauptantriebskräfte« menschlichen Fortschritts (egal, ob bei technischen Innovationen oder in Wertefragen) seit Jahrhunderten aus »unpolitischen Idealen der Vernunft, der Wissenschaft und des Humanismus« hervorgehen, welche Menschen dazu brächten, »nach Erkenntnissen zu suchen und diese anzuwenden« (PINKER 2018: 363).

Die wichtigste Funktion von öffentlichem Diskurs für die Demokratie ist also, progressiv zu sein: nach vorne gerichtet, offen, auch riskant, im Sinne von »auf Neuland ausgerichtet«. Manchen mag dies wie eine Plattitüde klingen, dabei hat sich gerade die deutsche Öffentlichkeit mit dieser Art Diskurs lange Zeit schwergetan. Gewagter formulierte Ideen und visionäre Entwürfe stießen in der Regel auf Ablehnung oder taube Ohren; nicht von ungefähr verkörpern sowohl Angela Merkel als auch ihr Nachfolger Olaf Scholz noch immer mustergültig das Wahlkampfmotto Adenauers und Erhards: »Keine Experimente«. In turbulenten Zeiten und gerade in der aktuellen Pandemie-Ausnahmesituation ist dies unter Umständen nicht die schlechteste Wahl, und zwar unabhängig von politischer Parteizugehörigkeit, wie das Merkel-Scholz-Beispiel zeigt. Allerdings mangelt es Deutschland tendenziell nicht nur an Aufbruchgedanken, sondern an Widerstand angesichts der rückwärtsgewandten Vorstellungen zunehmend präsenter reaktionärer Strömungen.

Aus beiden Gründen, um angesichts aktueller Herausforderungen auf der Höhe der Zeit zu sein und um den Ewiggestrigen etwas entgegenzuhalten, hat progressiver Diskurs in einer vitalen demokratischen Gesellschaft demnach eine Reihe wichtiger Funktionen: Er bietet die größte Chance, auf neue Ideen zu kommen, die sich nur aus der gemeinsamen Überlegung und gerade auch aus der kontroversen Auseinandersetzung ergeben. Er bietet außerdem die größte Chance herauszufinden, wie es besser gehen kann, weil er explizit auf die Zukunft ausgerichtet ist und fortlaufende Weiterentwicklung als Gewinn begreift. Und er zwingt die Träger politischer Verantwortung dazu, sich für ihre Entscheidungen zu rechtfertigen. Letzteres deswegen, weil progressivistisches Denken in seiner Ausrichtung auf zukünftige Entwicklungen naturgemäß beinhaltet, dass alles Gegenwärtige vergänglich ist und irgendwann durch Neues abgelöst wird. Zu diesem Zeitpunkt wird nur das beibehalten werden, was langfristig gerechtfertigt erscheint. Weil Offenheit für verschiedene, gerade auch kontroverse Positionen ein Wesenszug progressivistischen Diskurses ist, sorgt dieser Diskurstyp dafür, dass Menschen auch andere Wege als den eigenen akzeptabel finden (können): Selbst wenn der eigene Vorschlag am Ende keine Mehrheit bekommt, kann dem großen Ganzen leichter zustimmen, wer sich zuvor gehört fühlte oder einfach nur Dampf ablassen konnte.

Was hier an Wesensmerkmalen des progressivistischen Diskurses aufgeführt wird, klingt genauso pragmatisch, wie es gemeint ist. Pragmatisch im Wortsinn, was die Anwendungsbezogenheit aller Konzepte betrifft, die im Diskurs eine Rolle spielen: Intellektuelle Glasperlenspiele sind verpönt. Pragmatisch aber auch in einem zweiten Sinn: Insofern, dass progressives Denken in den USA um die Jahrhundertwende wie heute, einhundert Jahre später, in der Tradition der klassischen – und womöglich einzig genuin US-amerikanischen – Philosophieströmung des Pragmatismus steht. Laut ihren Ikonen James Dewey und William

James ist das, was sich in der Praxis bewährt, gute Philosophie. Ideen beweisen ihre Wertigkeit in der Anwendung bzw. den Konsequenzen, die ihre Umsetzung in der Wirklichkeit und für die Wirklichkeit hat. ›Gut‹ ist, was funktioniert. Ein solcher Ansatz birgt Risiken, weil er ins Utilitaristische abgleiten kann. Doch ist er unbestritten wertvoll, wenn es darum geht, Neues zu denken und einer Gesellschaft somit neuartige Sichtweisen auf die Welt zu eröffnen. Dadurch haben auch heutige progressive Konzepte und Vorschläge zunächst eine realistische Chance, Gehör zu finden und auf ihren Nutzen hin geprüft zu werden.

Im Vergleich zu Deutschland gibt es in der US-Gesellschaft im Durchschnitt gegenüber modernen progressiven Ansätzen weniger Vorbehalte. Stattdessen gilt ein gewisser Vertrauensvorschuss, anhand dessen diesen Ansätzen eine Chance gewährt wird (einen ähnlichen Effekt hat die Pragmatismus-Tradition der USA im Übrigen auch auf konservative Ideen; allerdings standen die Denker des Pragmatismus tendenziell liberal-progressivistischen Ansätzen näher). Von automatischer Akzeptanz ist keine Rede. Was sich nach kurzer Zeit nicht als gewinnbringend erweist, wird unsentimental verworfen, um Platz für wiederum Neues zu schaffen.

In einer so jungen wie geschichtsbewussten Nation wie den USA lässt sich die hier skizzierte Einstellung Neuem gegenüber unschwer bis in die Anfänge zurückverfolgen. Man versteht sich bis heute (und zwar politisch links wie rechts der Mitte) als »Experiment in der Neuen Welt«, als *frontier nation*, deren Grenzen sich bis vor Kurzem stets nach Westen verschoben haben (die Besiedlungsgrenze an der Westküste wurde erst 1890 offiziell ›geschlossen‹). Sinnbildlich steht in unserer Zeit etwa das Silicon Valley für Wagniskapital, Risikobereitschaft und Aufgeschlossenheit: nicht nur wirtschaftlich, sondern auch gesellschafts- und bildungspolitisch. So finden sich immer wieder Finanziers für junge Unternehmen, die in der sprichwörtlichen Garage ihren Anfang nehmen und zu globalen Giganten aufsteigen. Hinzu kommen Think-Tank-Start-ups, die neue Modelle gesellschaftlichen Zusammenlebens entwickeln. Einige der im Valley diskutierten Ideen sind visionär, andere brisant, wiederum andere klar demokratiefeindlich (und, wie im Falle Peter Thiels, größenwahnsinnig).

Der Punkt ist, dass der progressive Diskurs in den USA ungleich mehr als hierzulande von der Tatsache profitiert, dass die Gesellschaft als Ganzes von einem stärker experimentellen Charakter geprägt ist. So erklärt sich auch das vermeintliche Paradox der Umweltverschmutzernation USA, die den Katalysator bereits fünfzehn Jahre vor Deutschland eingeführt hatte. Ähnlich verhält es sich mit der Energiefressernation USA, deren texanische Solarenergieforschung weltweit spitze ist, und der Ausbeuternation USA, deren kalifornischer Mindestlohn deutlich über dem deutschen liegt. Ein pragmatischer Zugriff auf die Welt, gepaart mit einem progressivistischen Blick auf den Lauf der Dinge verhelfen der Nation zu mehr Wagemut und Risikolust. Sie bedeuten für den öffentlichen Diskurs mehr Flexibilität, mehr Tempo und mehr Durchschlagskraft. Außerdem eine höhere Resilienz angesichts der unvermeidlichen punktuellen Tiefschläge und dauerhaften Belastungen, welche die Auswüchse einer sich immer schneller drehenden Welt für jede moderne Demokratie mit sich bringen.

Die hier gezeichneten großen Bögen bezüglich des progressivistischen Diskurses werden ihre Bedeutung über weite Strecken des 21. Jahrhunderts hinweg behalten. Typisch progressiv ist hingegen auch, dass es gleichzeitig immer auch um das konkrete demokratische Engagement des Einzelnen und eben um jedes individuelle Mitglied der Gesellschaft an sich geht. So kann sich Cornel West keinesfalls damit abfinden, dass in einer Demokratie zu leben nicht mehr heißen soll, als alle paar Jahre zur Wahl zu gehen. Das sei »kurzsichtig« (WEST 2004: 15). Vielmehr ist es laut West zentral, jeden Menschen auf seine »moralischen (Selbst-)Verpflichtungen und Visionen« anzusprechen; erst die Seele des

Menschen ermögliche am Ende eine »demokratische Lebensweise in der Welt« (ebd.). Hier zeigt sich deutlich der moralische Anspruch im progressiven Diskurs, der vielfach das Ziel von Kritik ist und sich für ebensolche Kritik auch anbietet. Andererseits lässt sich schwerlich leugnen, dass nicht erst in den 2020er-Jahren das Vertrauen der Menschen in die von ihnen gewählten Vertreter in der Politik, aber auch hinsichtlich der Medien oder der Wirtschaft schwer erschüttert ist, und dies mancherorts keinesfalls zu Unrecht. Die Coronakrise hat exemplarisch aufgezeigt, dass sich politische Führungspositionen keineswegs automatisch in Expertise übersetzen. Wer also könnte es West verdenken, wenn er bei den Repräsentanten der hier genannten Bereiche Zweifel anmeldet, ob diese (noch) in der Lage sind, beispielhaft und glaubwürdig einen offenen Diskurs zu führen, der die Gesellschaft als Ganzes nach vorne bringt?

Folglich nimmt West ganz im Zeichen pragmatisch-progressivistischer Überzeugung die Dinge selbst in die Hand. Für ihn muss der öffentliche Diskurs vor allem aufrütteln, aus dem Takt bringen, die Menschen aus ihrem unkritischen »Schlafwandeln« (ebd.: 16) herausholen. Niemand lässt sich gerne aus dem Schlaf reißen, das ist West bewusst, und derjenige, der es – wenn auch in bester Absicht – dennoch tut, darf nicht mit unmittelbarer Dankbarkeit rechnen. Nur im wachen Zustand aber, soll heißen: kritisch-konstruktiv angesichts der Umstände, die es zu ändern gilt, kann echter Fortschritt gelingen. Und der Fortschritt, hier lässt West keinen Zweifel, beginnt und endet mit den Jungen.

Insofern ist die Bedeutung der nächsten Generation, heute also der Generation Z, nicht nur für die Stärke und Stabilität der Demokratie generell, sondern für ihren Kern im Speziellen, den demokratischen öffentlichen Diskurs, essenziell. West macht vor beinahe zwanzig Jahren die bei der Jugend besonders auszuprägende und auch abrufbare Kombination aus Reflexion und Leidenschaft aus; diese gelte es, für den Diskurs zu nutzen. Schon, damit sich ein Gegengewicht zu den Bestrebungen der wirtschaftlichen und politischen Elite bilde, die um ebendiese Kraft der Reflexion und Leidenschaft wisse und daher darauf aus sei, das politische Engagement der Jugend zu verhindern. Das Mittel der Wahl sei hierbei, wie oben erwähnt, die Ablenkung in Form der Unterhaltungsindustrie (vgl. ebd.: 174ff.). Auch diese Diagnose Wests ist in den 2020er-Jahren aktueller denn je. Unzweifelhaft besteht weiterhin die Gefahr, dass der bereits skizzierte Nihilismus der Elterngeneration von deren Kindern kritiklos übernommen und faktisch als Standard für das eigene Leben angesehen wird. Die Belastung durch die Covid-Pandemie, welche entgegen ursprünglicher Erwartungen mittlerweile in Jahren gemessen werden muss, trägt hierzu weiter bei.

Jedoch liegt es im Wesen des progressivistischen Diskurses, sich laufend weiterzuentwickeln. Widrige Umstände wie etwa coronabedingte Kontaktbeschränkungen führen nicht dazu, dass der Diskurs vertrocknet. Er verlagert sich vielmehr in andere, digitale, Formate. Und so haben die Warnungen, welche West und ähnlich Gesinnte vor Jahrzehnten vorgebracht hatten, längst Wurzeln im Diskurs der Gegenwart geschlagen. Nicht immer, aber zunehmend, nehmen die diskursiven Entwicklungen nicht nur die von diesen Vordenkern favorisierte Form, sondern faktisch auch die entsprechende Richtung ein. Wo sich der Zorn über die bestehenden Verhältnisse konstruktiv Bahn bricht, sah West einst das Potenzial einer »demokratischen globalen Bewegung« (ebd.: 178); ihre Leitlinie sollte idealerweise die »Kritik am Dogma des Freier-Markt-Fundamentalismus und der wachsenden Wohlstandsungleichheit auf der ganzen Welt« sein (WEST 2004: 178). Unschwer lässt sich erkennen, wie die Fridays-for-Future-Bewegung diesen Ansatz in die Gegenwart übersetzt und in der Dimension Umweltschutz in seine zeitgemäße Form gießt.

Auf anderen Feldern steht noch aus, ob sich der Diskurs so entwickelt, wie es West und Co. vorhergesagt haben: Haben wirklich alle, oder auch nur die meisten derjenigen, die derzeit am progressiven Diskurs in den USA teilnehmen, den Anspruch, global zu denken und zu wirken? Und gibt es nicht offensichtlich doch effektive Wege, den progressiven Diskurs anzustoßen und auszubauen, die sehr wohl mit den Produkten und Kommunikationskanälen der wirtschaftlichen Elite zusammengehen und tatsächlich elementar auf diese angewiesen sind (Facebook, Twitter, Instagram kommen einem als erstes in den Sinn)? Zu diesen beiden Punkten später mehr.

Eines ist klar und bis heute richtig: Das Ringen um die beste und zeitgemäße Form des gesellschaftlichen Miteinanders, ein Kernanliegen progressivistischen Diskurses, ist »der große dramatische Kampf des 21. Jahrhunderts« (ebd.: 22), um West nochmals zu zitieren. Hier, in dieser »kolossalen« (ebd.) Auseinandersetzung um Visionen und Ideen, ist die Entscheidung noch nicht gefallen. Alleine die Möglichkeit, dass ein selbsterklärter Antipolitiker und Demokratieskeptiker wie Trump ein zweites Mal, und mit realistischen Chancen, nach dem höchsten Amt der US-Demokratie greifen könnte, sollte hierfür Beleg genug sein. Hierzulande tut angesichts aktueller Entwicklungen, die unter dem Druck der Coronakrise weiter Fahrt aufnehmen, ebenfalls eine basisdemokratische Vitalisierung Not. Viele Menschen sind vom Dauerausnahmezustand erschöpft. Andere wenden sich aus Enttäuschung über das politische Personal von der Politik ab oder kündigen ihre Zeitungsabos, weil ihnen der mediale Mainstream allzu einseitig erscheint. Wiederum andere versteigen sich in ihrem Protest zu grotesken historischen Vergleichen, wenn sie die Corona-Auflagen mit den Repressalien der Nazi-Zeit gleichsetzen.

In der Summe sind große Teile der Demokratie über der Krise taub geworden. Wests uramerikanische Formulierung vom »awakening« (ebd.: 23), also einer »Erweckungsbewegung«, die in den USA seit den 1860er-Jahren in mehreren Wellen aufgetreten ist, müssen wir nicht übernehmen; man kann mit guten Gründen jeglicher rhetorischer Aufladung und damit Überhöhung des Angesagten kritisch gegenüberstehen. Doch seiner Grundaussage, dass es gerade in Krisenzeiten darum gehe, eine »neue politische Energie« nicht zuletzt moralischer Natur zu »kanalisieren«, ist zuzustimmen (ebd.: 23).

Um seine Zielgruppe aus der Taubheit herauszuholen, sie ›aufzuwecken‹, überhaupt die Aufmerksamkeit der jüngeren Generation zu erregen, setzt West auf die elementare Sprache der Kunst, und insbesondere der Musik. Der Philosophie-Professor hat mehrere Hip-Hop-Alben aufgenommen und mit Outkast, Public Enemy und Prince zusammengearbeitet. Mit diesen gänzlich unakademischen Umtrieben hat sich West nicht nur Freunde gemacht; sein Zerwürfnis mit dem damaligen Harvard-Präsidenten Lawrence Summers zog weite Kreise. Aufhalten lässt sich West von solchen Widerständen bis heute nicht. Und auch der manches Mal allzu unmelodiösen, sprich übermäßig nüchternen öffentlichen Debatte in Deutschland würde ein wenig mehr Musik sicherlich gut tun. Ein Balanceakt, keine Frage. Der Grat zwischen komplexem demokratischen Streit, der dennoch eine gewisse Luftigkeit aufweist, und verflachender antagonistischer Debatte, die allen Beteiligten die Luft abschnürt, ist schmal. Schon deshalb, weil progressivistische Ansätze hierzulande, wie oben erläutert, einen gemischten Ruf haben. Häufig werden sie gar eins zu eins mit populistischen Vereinfachungsparolen gleichgesetzt. Beides wird der Sache nicht gerecht. Progressivismus ist keineswegs unterkomplex und naiv, wie ich dargelegt habe. Hinzu kommt, dass kein global einheitliches Verständnis von Populismus existiert. Wie ich im nächsten Kapitel aufzeige, hat die US-amerikanische Sicht auf den Populismus ihre eigene Ausprägung. Sie unterscheidet sich fundamental von der hiesigen. Ja, sie bringt Risiken mit sich. Jedoch bietet sie umgekehrt Möglichkeiten, die wir uns bisher verwehren.

2. POPULISMUS HAT VIELE GESICHTER

David Hand, emeritierter Professor am Londoner Imperial College, befasst sich sein Berufsleben lang mit Gesetzen. Er ist kein Jurist, sondern Mathematiker. Seine Forschung wird sich nie in verbindliches Recht für die Gesellschaft übersetzen und ist am Ende doch mindestens so wichtig. Hands Feld sind die Gesetze der Wahrscheinlichkeit. Das »Gesetz der Auswahl« lautet: »Wir können die Dinge so wahrscheinlich machen, wie wir möchten, wenn wir unsere Auswahl nach dem Ereignis treffen, um das es geht.« Viele Menschen sehen etwa etliche Parallelen in den Leben der Ex-Präsidenten Abraham Lincoln und John F. Kennedy: Ersterer wurde 1861 Staatsoberhaupt, letzterer 1961. Lincolns persönlicher Assistent hieß John, Kennedys Lincoln. Und natürlich wurden Lincoln wie Kennedy erschossen, und zwar jeweils an einem Freitag. Eine beeindruckende Liste an Gemeinsamkeiten – bis man sich klarmacht, wie klein diese Liste im Vergleich zur riesigen (und faktisch unendlichen) Menge an Merkmalen ausfällt, die Lincoln und Kennedy unterscheiden.

Im Verlauf der letzten Dekade hat die Mehrheit unter den Journalisten, Akademikern und Politikern sowie aller übrigen, die in Deutschland die aktuellen politischen Entwicklungen im Blick haben, das Gesetz der Auswahl auf den Begriff des Populismus angewandt. Meist geschieht dies unwillkürlich, bisweilen ist politisches Kalkül dabei. Dass sich die allermeisten hierzulande von

Populismus einen ganz bestimmten und faktisch recht eng gesteckten Begriff machen, ist zunächst nicht verwunderlich. Eine bestimmte Variante dessen, was wir gemeinhin unter Populismus fassen, dominiert seit Jahren den öffentlichen Diskurs: die Summe aus Vereinfachung, Verzerrung und Aufstachelung; ein polarisierendes Wir-gegen-die-Lagerdenken, verbunden mit pauschaler Elitenkritik an ›denen da oben‹. Hinzu kommt die Brutalisierung der Sprache und Diffamierung Andersdenkender. Nicht zuletzt die Tatsache, dass ausgewiesenes Nichtwissen und demonstrative Ignoranz als Ausweis von Expertise für die Top-Positionen im Staat gelten dürfen, eben weil man ›mit Politik noch nie etwas zu tun hatte‹ und daher vermeintlich mit der Stimme des Volkes spricht (das Eine leitet sich keineswegs logisch aus dem Anderen ab). Die Protagonisten im Feld verteilen sich quer über die europäischen Staaten; in den USA hat es 2016 erstmals (und womöglich nicht letztmals) ein selbsterklärter Antipolitiker ohne jegliche inhaltliche Agenda ins höchste Amt geschafft.

Die jüngste Dominanz dieser Variante des Populismus bedeutet nicht, dass es nicht auch andere gibt. Tatsächlich haben in der Vergangenheit immer wieder abweichende Ausprägungen eine bedeutende Rolle für die Gesellschaften der westlichen Hemisphäre gespielt. In seiner Rezension von Jan-Werner Müllers Buch *What is Populism?* legt der US-Historiker Charles Postel dar, wie die gegen Ende des 19. Jahrhunderts in den USA gegründete People's Party ›Populismus‹ als Einsatz für benachteiligte Bevölkerungsgruppen versteht, und allgemein als Kampf für emanzipatorische Bestrebungen und Mitbestimmungsrechte des Volkes (POSTEL 2017). Damit bewegt sich die aus der Farmers' Alliance hervorgegangene People's Party, welche sich auch für die Interessen der Bauern gegenüber den Banken stark macht, näher am Wortsinn des Begriffs ›*populus* = Volk‹ als viele, die ihn heute für sich reklamieren. Der Gegner ist das Großkapital, und zwar lagerübergreifend für alle, die als Kreditnehmer lange Zeit keine andere Möglichkeit sahen, als sich den Kurs von den Finanzstarken diktieren zu lassen. Lange, bevor die Demokratische Partei die African-Americans als Wahlklientel entdeckt, setzt sich die People's Party bereits für das Wahlrecht von Schwarzen – und Frauen – ein.

In dieser Vorgeschichte liegt ein Grund, weshalb in den USA – im Unterschied zur öffentlichen Wahrnehmung in Deutschland – Populismus nicht zwingend als primär rechts der Mitte eingestuft wird. Im Gegenteil ist für viele, gerade der jüngeren Generation, Populismus ebenso sehr ein Synonym für ›progressiv‹, in jedem Fall links der Mitte einzuordnende Anliegen. So erklärt sich, weshalb sowohl Trump als auch Bernie Sanders in den USA als ›Populisten‹ gelten, und – für deutsche Ohren erstaunlich – sogar Hillary Clinton: Als sie im Wahlkampf 2016 mehr Aufsicht über die Umtriebe der Wall Street fordert, gilt sie fortan als ›sozialdemokratische Populistin‹. Das Label ›Populismus‹ steht also in den USA, wie bei uns auch, für eine Verflachung und Verballhornung des Diskurses, aber eben auch für bestimmte politische Anliegen, die sich heutzutage am deutlichsten im progressiven Diskurs wiederfinden. Ein Diskurs, der politisch konservativ denkenden und wählenden Menschen nicht per se verschlossen ist; auch unter ihnen gibt es viele Benachteiligte, die sich im Kampf ›Wall Street‹ gegen ›Main Street‹ klar bei letzterer verorten.

Somit herrscht in den USA erstens ein anderes Verständnis von Populismus als bei uns, oder genauer: ein weiteres, vielschichtigeres Verständnis davon. Weder ist der Begriff ausschließlich negativ belegt noch ist er zwingend einer politischen Richtung zuzuordnen.

Zweitens, und dieser Aspekt ist in unserem Kontext wichtiger, weil er das Wesen des öffentlichen Diskurses entscheidend formt: Die prägenden Stimmen in diesem Diskurs, die Experten und Intellektuellen des Landes, sind einem populistischen, soll heißen:

massentauglichen Zugriff auf diesen Diskurs gegenüber viel aufgeschlossener, als dies in Deutschland der Fall ist. Dies gilt, was ihre Formulierungen zu den drängenden Problemen unserer Zeit angeht. Und vor allem, was die Kommunikationskanäle betrifft, die Amerikas Akademiker, Aktivisten, Blogger und auch junge Politiker wählen, um ihre Botschaften unters Volk zu bringen. Theoretisches Denken in den USA zielt häufig – in der Tradition des Pragmatismus – auf konkrete gesellschaftliche Veränderungen ab. Und so versuchen führende Denker, ihr Publikum u. a. über einfache Sprache, einen gewissen Unterhaltungswert (*infotainment*) und die Massenmedien zu erreichen. Es geht pragmatisch um den größten Verstärker für die eigene Botschaft, nicht unbedingt um den passendsten Verstärker. Plattformen hierfür gibt es genügend, angefangen von den politischen Talkshows (*Meet the Press* war auf NBC seit 1947 auf Sendung; der rechte Nachrichtensender FOX NEWS bestreitet beinahe sein ganzes Programm über Debattenformate) über die unübersehbare Blog-Landschaft bis zu den umfangreichen *Current Affairs*-Sektionen der Buchhandlungen mit ihrer politischen Ratgeberliteratur. US-amerikanische Denker haben hier wenig Berührungsängste; Anne-Marie Slaughter steuert immer wieder Texte für *Reader's Digest* bei, Christopher Hitchens hatte lange Jahre eine Kolumne bei *Vanity Fair*, Bill Kristol einige Zeit seine eigene Podcast-Reihe, in der er sich wesentlich konservativer äußerte als bei seinen zahlreichen CNN-Gastauftritten.

Der Clou ist die Zusammenführung von anspruchsvollem, konzeptionellem Denken mit zugänglicher Sprache; hierzu gehört auch, komplexe Ideen für die Breite der Gesellschaft so zu übersetzen, dass sie nicht verflachen. Immer muss das Ziel sein, beim Publikum ein Interesse an den zukünftigen praktischen Auswirkungen auszulösen, die heute präsentierte abstrakte Konzepte haben. Jeder, der in Amerika Ideen in den öffentlichen Diskurs einspeisen möchte, sieht sich dieser schweren dreifachen

Aufgabe gegenüber. Nicht nur gehorcht die Nation anderen Diskursgesetzen als Deutschland, sie ist auch ungleich größer, sowohl was die Einwohnerzahl als auch das mediale Angebot angeht, aus dem die Bevölkerung wählen kann. Wer hier Gehör finden will, muss alle Kanäle nutzen und den Lautstärkeregler nach oben drehen.

Nicht alle der hier skizzierten Dynamiken und Gesetzmäßigkeiten im öffentlichen Diskurs lassen sich auf hiesige Verhältnisse übertragen, einige jedoch schon – und das geschieht bisher zu wenig. Ein Grund hierfür ist die reflexhafte Abwehrreaktion, die alles vermeintlich ›Populistische‹ unter deutschen Akademikern auslöst. Der Begriff ist quasi ein Synonym für unseriös. Im Umkehrschluss gilt ein mit Fachtermini verbrämter, für Außenstehende kaum noch zugänglicher Wissenschaftsjargon als Ausweis forscherischer Klasse. Häufig fällt dieser Jargon, gerade in den Sozialwissenschaften, auffallend ›technisch‹ bzw. formelhaft naturwissenschaftlich aus. Francis Fukuyama wunderte sich mir gegenüber bereits vor anderthalb Jahrzehnten über diese seiner Meinung nach ausgeprägte Sehnsucht, die Sozialwissenschaften möglichst der analytischen Strenge der Naturwissenschaften anzupassen. Über dem Erstellen quasi mathematischer Modelle gerieten die eigentlich relevanten Aspekte (Sprachen, Kultur, Geschichte, nationale Narrative) völlig aus dem Blick. Was ebenfalls aus dem Blick gerät, ist die Tatsache, dass die Welt außerhalb der Universitäten faktisch viel größer ist, einmal abgesehen davon, dass die Hochschulen auch einen gesamtgesellschaftlichen Bildungsauftrag zu erfüllen haben.

Fukuyama, selbst Politikwissenschaftler ersten Ranges, bezog sich auf die US-amerikanische Forschung. Dabei bildet diese neben Rechenschieber-Ansätzen auch nach wie vor deutlich zugänglichere Ansätze heraus, allemal im Vergleich mit dem Durchschnitt der deutschen Forschungskultur (eine Ausnahme stellen die Historiker dar). Auffällig ist zudem, wie viele US-Spitzenforscher aus den Sozial-, Kultur- und Literaturwissenschaften früher oder später Publikationen zu den oben erwähnten *Current Affairs*-Abteilungen in den großen Buchhandlungen beitragen (wie sich auch die Naturwissenschaftler gerne in dieser Form zu den Phänomenen unserer Zeit, wie etwa dem Klimawandel, einbringen). An dieser Stelle sei zudem angemerkt: ›Ratgeberliteratur‹ in den USA, sei es zu Herausforderungen innen- wie außenpolitischer oder klimapolitischer Natur, sei es zur gesunden Lebensführung oder der Überwindung seelischer Traumata, folgt in der Regel einer gewissen Choreografie. Das Problem wird schonungslos benannt, doch der zweite Teil des Buches besteht darin, Lösungswege oder zumindest Strategien zur besseren Bewältigung aufzuzeigen. Selbiges lässt sich nicht mit Bezug auf die Mehrzahl deutschsprachiger Veröffentlichungen in diesem Genre behaupten. Besieht man sich etwa die Veröffentlichungen zum Thema ›USA‹, jagt ein apokalyptisches Szenario das nächste; Experte ist scheinbar vor allem, wer sich grundsätzlich mindestens skeptisch ob des Zustands der Supermacht zeigt, besser noch absolut hoffnungslos. Immerhin, das ist die gute Nachricht, werden die so präsentierten Untergangsgemälde in zugänglicher Prosa verfasst – womit die Trennlinie zur akademischen Forschung nach wie vor recht scharf gezogen ist.

Fakt ist, dass sich der öffentliche Diskurs in den USA vom öffentlichen Diskurs in Deutschland in zwei wichtigen Aspekten unterscheidet: Der amerikanische Blick auf ›den‹ Populismus ist ein anderer; er schließt den deutschen ein, beschränkt sich aber nicht auf diesen, weder in der Bewertung noch in der politischen Zuordnung. Darüber hinaus sind die prägenden Akteure im öffentlichen Diskurs der USA, oftmals hochgebildete Experten, einer allgemeinverständlichen Vermittlung ihrer Expertise gegenüber sehr viel positiver eingestellt als ihre Pendants in Deutschland. Diese Unterschiede sollten wir als Chance begreifen, dazuzulernen – und sei es in der kritischen Abgrenzung.

Denn natürlich sind die hier genannten Dynamiken mit Vorsicht zu genießen, können sie doch durchaus negative Auswirkungen auf den öffentlichen Diskurs westlicher Demokratien entwickeln. Trump repräsentiert lediglich das krasseste Beispiel der jüngeren Zeit, was Verflachung, Verzerrung, Polemisierung, das Untergraben von Vertrauen und den Verlust von Autorität auf Seiten staatlicher Institutionen betrifft, also alle Ingredienzen, die autoritären Tendenzen Vorschub leisten. Entwickelt er sich ausschließlich in dieser Richtung, wird ein solch übermäßig populistisch gefärbter Diskurs beinahe zwangsläufig in einen Hulk-Diskurs münden, der über einen längeren Zeitraum kaum noch berechenbar ist. Diese reale Gefahr lässt sich aktuell in den USA beobachten. Wie eine dunkle Wolke hängt die mögliche erneute Kandidatur Trumps 2024 über der öffentlichen Debatte doch so dringlicher Sachfragen; manch einer fragt sich bang, wann sich der brave Wissenschaftler Banner erneut in den grünen Derwisch verwandelt.

Populismus ist dabei nicht nur in dieser konkreten Situation, sondern ganz allgemein auch für die »Zukunft des Fortschritts« im öffentlichen Diskurs eine ernstliche Herausforderung, um eine Kapitelüberschrift zu zitieren, die Steven Pinker in seinem Buch *Enlightenment Now* formuliert. Der Populismus unserer Zeit stelle eine dreifache Herausforderung dar: Weil er sich immer auf eine Gruppe bezieht, kommt das Individuum kaum vor, und damit »gibt es keinen Platz für den Schutz der Minderheitenrechte« und viel Geringschätzung für abweichende Meinungen (PINKER 2018: 333) – keine guten Voraussetzungen für einen inklusiven Diskurs, bei dem sich alle Beteiligten als Gleichberechtigte fühlen dürfen. Gleichzeitig ergeht es auch den Experten als potenziellen Meinungs- und Diskussionsführern nicht besser, weil der Populismus gesichertes Wissen und systematisch erarbeitete Erkenntnisse nicht ausreichend wertschätzt. Stattdessen, und das ist die dritte populistische Herausforderung für den öffentlichen Diskurs, wird der Idee einer starken Führungsfigur ein hoher Wert beigemessen. Dadurch geraten die »Beschränkungen der menschlichen Natur« aus dem Blick, und die Tatsache, dass wir es immer mit »unzulänglichen menschlichen Figuren« zu tun haben (PINKER 2018: 333f.).

Alle diese Warnungen sind ernstzunehmen; die hier beschriebenen Phänomene stellen eine schwere und dauerhafte Belastung für den öffentlichen Diskurs in den USA wie in Deutschland dar. Profiteure solcher Konstellationen, wie etwa Trump oder die gesamte AfD-Spitze, haben kein Interesse daran, die Lage zu deeskalieren, im Gegenteil. Jede Stärkung solcher populistischen Dynamiken stärkt auch die eigene Position und den Profit, den man daraus ziehen kann. Durch gesetzliche Vorgaben sind Entwicklungen dieser Art schlecht in den Griff zu bekommen, wenn auch manche gesetzlich gezogenen Grenzen (bezüglich übler Nachrede, Hetze usw.) unverzichtbar sind. In Summe jedoch lassen sich autoritäre Bestrebungen über das gezielte Etablieren populistischer Mechanismen nicht effektiv juristisch begrenzen oder gar abstellen. Oftmals löst gerade das Eingreifen staatlicher Organe einen Trotzeffekt und somit die Verstärkung der Effekte aus. Hinzu kommt, dass im prägnanten Beispiel Trump der erste Mann im Staat ja selbst durch und durch populistisch agiert hat.

Wie also reagieren? Steven Pinker macht einen erstaunlich versöhnlichen Vorschlag, wenn man sich seine zuvor geäußerte dramatische Warnung vor Augen führt, wonach es um nicht weniger als den Fortschritt an sich geht. Für ihn hat die Attraktivität populistischer Versprechungen ihre Ursache im Gefühl der Menschen, kulturell abgehängt worden zu sein – und eben nicht nur ökonomisch. Insofern seien bessere wirtschaftliche Aussichten zwar hilfreich im Kampf gegen Populismus, am Ende käme es aber darauf an, den Abgehängten, oder denen, die sich so fühlen, mehr Konzilianz entgegenzubringen. Pinker wünscht sich weniger Polarisierung, weniger Zuspitzung, weniger Wir-gegen-die-Symbolismus, und stattdessen mehr Nachsicht und Entgegenkommen. Das klingt gut, doch spricht Pinker als Harvard-Starprofessor aus einer extrem privilegierten Warte. Ein gewisses paternalistisches Element in seinem Zugriff lässt sich nicht verhehlen. Seine Einladung an alle, am öffentlichen Diskurs teilzunehmen, obwohl womöglich in bester Absicht formuliert, läuft noch immer auf ein gut formuliertes Angebot hinaus, das die besser Informierten den weniger Informierten machen sollten. Es ist klar, wer die Zügel in der Hand hält.

Der deutsche Philosoph Jürgen Habermas ist bereit, diese Zügel ab und an aus der Hand zu geben. Sein Ansatz der deliberativen Demokratie baut ganz auf die Kraft des rationalen Arguments, das sich am Ende durchsetzt. In dieser – wie Habermas selbst anerkennt, stark idealisierten – Form von öffentlichem Diskurs regelt sich eine Vielzahl von Streitfragen in einem permanenten Aushandlungsprozess von selbst. Es geht nicht um Übereinstimmung in allen oder auch nur den meisten Belangen. Habermas setzt darauf, dass das Ergebnis einer Debatte auch von seinen Kritikern akzeptiert wird, solange alle zuvor den Eindruck hatten, sich Gehör und Stimme in ebendieser Debatte verschafft haben zu dürfen. Ein beeindruckend umsichtiges Konzept, das den Diskursteilnehmern viel zutraut. Zu viel? Besieht man sich den öffentlichen Diskurs in den beiden westlichen Demokratien USA und Deutschland, sind zumindest Zweifel angebracht. Nicht zuletzt der progressive Diskurs in den USA wird mit harten rhetorischen Bandagen ausgekämpft; das gegnerische Lager darf keinerlei Schonung erwarten: eine Parallele, was das Vorgehen von reaktionären und progressiven Kräften angeht, die insbesondere Letztere nicht immer sehen wollen. Vielleicht aber ist dies einfach der richtige, weil einzig erfolgversprechende Weg in unserer Zeit? Ist es noch zeitgemäß, an einem inkludierenden Ansatz festzuhalten, oder geht es heutzutage vielmehr darum, das eigene Lager so stark wie möglich zu machen, die eigene Seite in einem Ausmaß zu mobilisieren, die im Fall der Konfrontation die Überlegenheit über die Gegenseite verspricht? Sind die Vorschläge Steven Pinkers, Jürgen Habermas' und vieler anderer gar naiv, wenn man sich die harsche Wirklichkeit besieht, die an den öffentlichen Streit im 21. Jahrhundert dermaßen hohe Anforderungen stellt?

Masha Gessen, deren Buch *Autokratie überwinden* im Jahr 2020 auf Deutsch erschienen ist, würde die letzte Frage wohl mit ja beantworten. Bezeichnenderweise lautet der Originaltitel *Surviving Autocracy*, und genau darum geht es der Autorin: Autoritäre Tendenzen, die sich in Teilen der USA und spätestens mit der Amtszeit Trumps zu einer Tatsache unserer Zeit verdichtet haben, zu ›überleben‹. Gessen lehnt dabei die Idee eines inklusiven Diskurses nicht per se ab. Allerdings stellt sie mit Hannah Arendt klar, dass »die Freiheit, miteinander zu sprechen« eine »gemeinsame Sprache« voraussetzt (GESSEN 2020: 114). Diese sei längst nicht mehr allerorten gegeben. Im Verlauf der vergangenen fünf bis sechs Jahre (also seit dem Wahlkampf 2015/16) habe sich die Bedeutung von Begriffen und ganzen Aussagen bis hin zur Bedeutungslosigkeit abgenutzt. Der reaktionär-populistische Missbrauch der Sprache sei fatal; Wörter wie ›Politik‹ und ›Freiheit‹, aber auch ›enorm‹ und natürlich ›*great*‹ sind für Gessen in ihrer Bedeutung pervertiert worden – eine Entwicklung, die andauere. Ihr gelte es aktiv entgegenzuwirken. Dem progressiven Diskurs kommt hier eine zentrale Rolle zu. Er fungiert als Gegengewicht im Ringen um Begriffshoheit; als Konter, welcher der reaktionären Vereinnahmung von Begriffen entgegensteht.

Zudem hat der progressive Diskurs eine Alarmierungsfunktion inne, denn laut Gessen müssen seine Vertreter dafür sorgen, dass in der Breite der Bevölkerung registriert wird, wenn autoritäre Figuren des öffentlichen Lebens Begrifflichkeiten für ihre Zwecke ›reservieren‹. Am Ende ist nicht ganz klar, ob für Gessen zentrale Vokabeln im öffentlichen Streit hohl geworden sind oder ob ihre Hauptsorge ist, dass diese Vokabeln jüngst sehr wohl eine spezifische Bedeutung bekommen haben – aber eben eine Bedeutung, die ausschließlich reaktionär aufgeladen ist. Ich halte Ersteres für wahrscheinlicher und für das größere Problem. Denn auch Trump-Fans können sich unter »Make America Great Again« oder – für 2024 im Gespräch und kein Witz! – »Make America Great Again, Again« herzlich wenig Konkretes vorstellen – wie auch? Es sind Slogans ohne Sinn, die sich gut ausrufen lassen. Symptome dafür, dass, wie Gessen richtig diagnostiziert, in den letzten Jahren »die ernsthafte politische Debatte« beinahe »unbemerkt verloren ging« (ebd.: 175).

Eine Kernaufgabe des progressiven Diskurses ist es daher, Begriffe wie ›great‹ für die diskursive Mitte und damit die öffentliche Auseinandersetzung verschiedener politischer Lager zurückzuerobern. Wie hier am besten vorzugehen ist, darüber besteht interessanterweise im progressiven Lager keine Einigkeit. Einige wollen bestimmte Vokabeln wie eben ›great‹ am liebsten ganz hinter sich lassen, sie gelten ihnen als verbrannt. Andere kämpfen dafür, den ursprünglichen Sinn solcher Begriffe wieder in die Debatte einzubringen bzw. differenzierter mit ihnen umzugehen: Nicht alles, was für Laien von außen nicht sofort durchschaubar ist, ist ›politics‹; ›the media‹ ist ein riesiges Geflecht unterschiedlichster Akteure, kein großer Brei usw. Schließlich zielen einige Progressive darauf ab, Begriffen wie ›great‹, die ohnehin in aller Munde sind, eine neue, zeitgemäße Bedeutung zu verleihen. Es geht ihnen darum, die von ihnen als reaktionär und nostalgisch empfundene Färbung von ›great‹, welche die angeblich ›großartige‹ Vergangenheit Amerikas verkläre und einer ruinösen Gegenwart gegenüberstelle, durch eine neue Färbung abzulösen: ›great‹ als Adjektiv, das die weit offenstehende Zukunft politischer Visionen beschreibt, eine Zukunft, die der Nation als Ganzes offensteht.

Alle drei Ansätze mit dem reaktionären diskursiven Erbe der Trump-Zeit umzugehen, stoßen nicht nur unter Progressiven, sondern im gesamten öffentlichen Diskurs links der Mitte auf Unterstützung wie Ablehnung. Das liegt nicht zuletzt auch daran, wie diese Ansätze formuliert und in den Diskurs eingebracht werden. Bewusst gewählte – und damit populistische – Zuspitzung und kämpferische, teils derbe Wortwahl garantieren Aufmerksamkeit. So nennt die demokratische Kongressabgeordnete Rashida Tlaib Präsident Trump schon bei ihrer Vereidigungsfeier öffentlich einen »motherfucker«. Das kann man geschmacklos finden oder einfach konsequent, schließlich ist Trump in seiner Wortwahl bezüglich Frauen auch nicht gerade zimperlich (Nachfolger Biden steht hier nicht zurück und nennt Anfang 2022 einen kritischen Journalisten einen »stupid son of a bitch«). Wirkungsvoll ist es zweifelsohne, was die Mobilisierung des eigenen Lagers angeht.

Populismus kann somit durchaus, unabhängig von seiner Verortung im politischen Spektrum, ein belebendes Element für den Diskurs darstellen, eben weil er Aufmerksamkeit generiert, Menschen involviert, womöglich gar zu politischem Engagement oder einfach zum Nachdenken provoziert. Der slowenische Punk-Philosoph Slavoj Žižek geht diesen Weg häufig, und er schert sich dabei wenig um den Kanal, über den er seine Inhalte verbreitet – es sind am Ende, so Žižek, ja doch immer seine eigenen Inhalte. Nicht nur diese Inhalte selbst, schon der Ansatz, den Žižek wählt, ist für viele, die den deutschen Diskurs bestimmen, provokant. Entsprechend hoch sind die Vorbehalte, sich an den US-Progressiven ein Vorbild zu nehmen und seriöse Inhalte mit massentauglichen Formaten zu verknüpfen. Zum Teil spielt hier Gewohnheit eine Rolle. In Deutschland gibt es eine lange und etablierte Tradition der formalisierten Trennung von Hoch- und Populärkultur. Wir müssten also ›in Vorlage gehen‹ und unsere ›Konsum-Gewohnheiten‹ im öffentlichen Diskurs umstellen, wollten wir in der Folge dann in den Genuss des Erkenntnisgewinns kommen, den eben diese Vermischung von Kulturen bedeuten kann. Eine hohe Hürde, was neben der Gewohnheit auch mit Standesdünkel aufseiten der Hochkultur, und speziell der Akademie, zu tun hat. Dazu im achten und neunten Kapitel mehr, welche u. a. auf die Übertragbarkeit der im Buch skizzierten US-Diskurs-Charakteristika auf Deutschland eingehen. Hier sei lediglich angemerkt, dass die weitere Aufweichung von diskurskulturellen Trennlinien für seine Protagonisten aufseiten der Hochschulen Konsequenzen hätte: Man müsste sich in den jargonfreien demokratischen Streit hineinwagen und damit einen sprachlichen Schutzschild aufgeben, der einem manch substanziell inhaltliche Argumentation erspart hatte (Noam Chomsky fällte zu diesem Thema im Gespräch mit mir bezüglich der Politikwissenschaften ein vernichtendes Urteil, wonach abnehmende Substanz direkt mit zunehmend verklausulierter Sprache korreliert).

Kein Wunder, dass in beiden westlichen Demokratien die Einstufung populistischer Diskursstrukturen als gefährlich oder mindestens schädlich noch immer überwiegt. In seinem Text *How Democracies Perish* nennt Stephen Holmes 2018, offenkundig unter dem traumatischen Eindruck zweier Trump-Amtsjahre, gleich ein Dutzend Faktoren, warum Demokratien ›zugrunde gehen‹. Sämtlich sind diese Faktoren auf populistische, und damit laut Autor tendenziell immer auch autoritäre Dynamiken zurückzuführen bzw. mindestens damit verbunden. Holmes' Text ist Teil von Cass R. Sunsteins Sammelband *Can it happen here? Authoritarianism in America*. Er stellt die bange Frage, weshalb autoritäre Versuchungen in Teilen der US-Bevölkerung der laut Holmes mit eigentlich offensichtlichen Stärken ausgestatteten Alternative den Rang ablaufen, nämlich einer entlang klassischer institutioneller Strukturen, einer klaren Rollenverteilung und vitalen Diskursöffentlichkeit modellierten Demokratie.

Holmes' Besorgnis ist echt. Er übersieht jedoch, dass die favorisierte Sichtweise der Wissenschaft auf eine US-Demokratie mit Modellcharakter angesichts der Realitäten der jüngeren Vergangenheit schlicht etwas einseitig bzw. nicht mehr absolut angemessen ist. Vielen Menschen erscheint die Demokratie zu bürokratisch-verwalterisch; langwierige Entscheidungsprozesse unterminieren den Eindruck der Handlungsstärke. Jedes Vorhaben muss scheinbar zunächst kompliziert einem Zuständigkeitsbereich zugeordnet werden. Dann sind weitere hohe institutionelle und parteipolitische Hürden zu nehmen. Gleichzeitig wirkt die Demokratie auf die Menschen abstrakt: ein fernes Ideal, das unter intransparenten Aushandlungsprozessen im fernen Washington (oder Berlin) begraben ist. Berührungspunkte mit dem eigenen Alltag gibt es scheinbar kaum. Dieses Problem immerhin scheint Holmes anzuerkennen. Er hält fest, dass die Demokratie einen starken Anreiz für konkurrierende Parteien setze, sich gegenseitig in »competitive overpromising« (HOLMES 2018: 397) zu überbieten, also im Kampf um die Anerkennung der Wähler immer zu viel zu versprechen. Ironischerweise ist dies ein klassischer Vorwurf an Populisten. In der Folge werden die Wähler vom demokratischen System als Ganzes entfremdet; ihr Misstrauen steigt, da die gemachten Versprechen nicht eingehalten werden (können). An dieser Stelle kann ein populistisch zuspitzender Diskurs Aufklärungsarbeit leisten und über öffentlichen Druck dazu anhalten, gemachte Versprechen einzulösen bzw. ihre Hinfälligkeit zumindest zu erklären. So könnte die »politische Enttäuschung« (ebd.: 392), die laut Holmes eigentlich die liberale Demokratie besonders gut »managen« (ebd.) kann, etwas geringer ausfallen. Offenkundig ist dieses »demokratische Management« in Krisenzeiten – wie der Pandemie der letzten drei Jahre – schwer in Misskredit geraten, und zwar auf beiden Seiten des Atlantiks.

Holmes spricht unter dem Stichwort ›Enttäuschung‹ auch die Tatsache an, dass vor allem in Europa zu beobachten sei, wie jenseits demokratischer Wahlen auf supranationaler Ebene »Entscheidungen durch Zentralbanker und EU-Technokraten« (ebd.: 401) gefällt würden. Für ihn fehlt es insbesondere auf dem europäischen Level an einer echten öffentlichen Debatte, deren Impulse faktischen Einfluss auf realpolitische Entscheidungen haben. Stattdessen ziehen für Holmes zu häufig die Mitglieder einer reichen und gut vernetzten Elite die Fäden. Diese »weakly rooted globalists« (ebd.: 417) führen ihr Leben jenseits und oberhalb der Gesellschaft. Als »Globalisten« schlagen sie kaum Wurzeln in einer gleichwie gearteten Gemeinschaft. Sie empfinden keinerlei Bindung, und damit auch keine Selbstverpflichtung, sich in irgendeiner Weise für das Gemeinwohl einzubringen. Auch in diesem Fall ist vorstellbar, dass über eine populistische Zuspitzung der Zustände eine Öffentlichkeit erzeugt wird, die derart elitäre Lebensweisen stärker in die Pflicht nimmt. Faktisch geschieht dies bereits immer häufiger. Bisweilen genügt die Tatsache, dass sich ein kritischer Diskurs abzeichnet, um einige derer, die meinen, über den Dingen (und Gesetzen) zu stehen, zum Einlenken zu bringen – nicht unbedingt aus Einsicht, eher aus Selbstschutz, aber dennoch. Als Beispiele aus jüngerer Zeit kommen einem die Maskengeschäfte deutscher Bundestagsabgeordneter während der Pandemie in den Sinn. Oder auch die US-Senatoren Richard Burr und Kelly Loeffler, die im Frühjahr 2020 Aktien in Millionenhöhe abstoßen, als sie von der Bedrohung für die Wirtschaft erfahren, die mit der Coronakrise einhergeht – es aber nicht für nötig halten, an ihrem privilegierten Zugang zu Informationen auch die Bevölkerung teilhaben zu lassen.

In all diesen und ähnlichen Fällen hat ein populistischer Diskursansatz durchaus seine Berechtigung, vielleicht heute mehr denn je. Viele Menschen, obwohl hochgebildet, sind ansonsten kaum aus der täglichen Routine bzw. der Vielzahl ihrer privaten wie beruflichen Herausforderungen ›herauszuholen‹ und für gesamtgesellschaftliche Fragen zu interessieren. Dennoch bleibt es zweifelsohne ein Drahtseilakt, Menschen über einen zugänglicheren Diskurs, griffige Formulierungen und einprägsame Slogans zu erreichen. Immer schwingt das Risiko mit, die Herausforderungen einer modernen westlichen Demokratie zu bagatellisieren. Nicht wenige Wortführer der öffentlichen Debatte sind bereits von diesem Drahtseil heruntergefallen, gleichermaßen nach rechts wie links in den Abgrund. Dabei kann der Tanz auf dem Seil durchaus gelingen. Um diesen Punkt besser fassbar zu machen, richte ich im nächsten Kapitel den Blick auf das linksliberale Denken in den USA. Genauer: den modernen öffentlichen Diskurs der jungen Progressiven, und auf welcher Diskursgeschichte sie dabei aufbauen können. Einige der Charakteristika in diesem Diskurs sind spezifisch US-amerikanisch. Sie unterscheiden sich von den Ausgangsvoraussetzungen, auf die ein ähnlich gelagerter Diskursansatz in Deutschland zurückgreifen kann. Fraglos zeigt die junge progressive Generation politischer Streiter in Amerika derzeit auf, wie man komplexe Ideen links der politischen Mitte einer breiteren Öffentlichkeit vermittelt, und wie man damit auch wieder generell mehr politische Begeisterung auslösen kann. Ob das Vorgehen dabei immer den proklamierten Idealen gerecht wird, ist eine andere Frage. Auch, ob wir in Deutschland diesen Weg gehen können oder wollen. Sich diesen Fragen kaum zu stellen, wie bisher hierzulande der Fall, ist aber eine Nachlässigkeit, die wir uns nicht leisten sollten.

3. OUT OF THE BOX: LINKES DENKEN IN DEN USA

In der Welt der Fabeln können alle Tiere sprechen, sowohl mit den Menschen als auch untereinander. So ist es nichts Ungewöhnliches, dass sich in einer solchen Erzählung am Ufer eines Flusses ein Skorpion mit einer speziellen Bitte an einen Frosch wendet. Das Spinnentier möchte auf dessen Rücken ans andere Ufer gelangen. Der Frosch lehnt zunächst aus guten Gründen ab: Er fürchtet den Stich des Skorpions, woraufhin beide sterben würden. Schließlich lässt sich der Frosch doch überzeugen, nur um zu erleben, dass der Skorpion ihn mitten auf dem Fluss sticht. »Warum hast du das getan?«, fragt der fassungslose Frosch noch. »Weil ich ein Skorpion bin«, antwortet jener lapidar.

Bis heute fühlt man sich, was das Verhalten im links-progressiven Lager in Deutschland betrifft, an den elenden Frosch aus der Fabel erinnert. Während es nicht an guten Ideen mangelt, sind viele Vordenker auf dem Feld des Progressivismus Gefangene ihrer selbst. Man denkt zwar in neuen Dimensionen, agiert aber innerhalb der altvertrauten Bahnen, beständig ›innerhalb der Box‹, was die Verbreitung, und erst recht, was die Übersetzung neuartiger Ideen in die Praxis anbelangt. Diese selbstauferlegte Beschränkung steht dem Fortschritt im progressiven öffentlichen Diskurs hierzulande im Weg. Der Kontrast zum experimentellen Denken ›*out of the box*‹, das sich in den USA auf diesem Gebiet seit Jahrzehnten entfaltet, ist augenscheinlich. Wider besseres Wissen entwickeln deutsche Progressive ihre Konzepte in historischer Verhaftung innerhalb eng gesteckter, durch die klassische Arbeiterbewegung definierter Korridore. Deren Erbe ist unbestritten wertvoll. Das Problem beginnt damit, dass keine ernsthafte Anstrengung unternommen wird, die Korridore von einst für die Gegenwart und ihre Bedürfnisse zu erweitern. Warum gibt es so wenig Ambition, die Perzeption und Rhetorik der Gewerkschaften, Genossenschaften und Arbeiterparteien um zeitgemäße Alternativen zu erweitern? Viele progressive Initiativen haben in der Wahrnehmung Außenstehender einen tendenziell altmodischen Anstrich und schaffen es daher – ähnlich dem Frosch in der Fabel – nie ›ans andere Ufer‹ der Wahrnehmung oder gar zu breiter Akzeptanz in der Bevölkerung.

Moderner progressiver Diskurs kommt nicht ohne politische Bewusstheit aus; zu dieser Bewusstheit gehört die Erkenntnis, dass wir uns, wie eingangs erwähnt, derzeit in einer für das 21. Jahrhundert entscheidenden Phase befinden. Diese Erkenntnis wiederum sollte sich in der Programmatik, und faktisch ebenso wichtig: in der Formulierung dieser Programmatik spiegeln. Hier ist uns der US-amerikanische Diskurs voraus. Aufgrund der Geschichte der Nation, worauf wir gleich zu sprechen kommen, ist progressives Denken ›frischer‹, d. h. weniger genormt. Dieser vermeintliche Nachteil eröffnet neue Räume jenseits der Institutionen, in denen schneller, origineller und im besten Sinne einfacher gedacht wird als bei uns. Überall in Amerika trifft man auf hochpolitisierte Lese- und Debattenzirkel. Häufig finden sich diese im Umfeld linksliberaler Verlage wie AK Press, Verso und Seven Stories Press, klassischer einschlägiger Publikationen wie *Dissent* oder im Wirkradius von Medienhäusern mit aktivistischem Selbstverständnis wie Z Communications.

Viele Mitglieder dieser Kreise engagieren sich in Vereinigungen und Non-Profit-Organisationen, die nicht selten von Stiftungen oder privaten Geldgebern gefördert werden. Ein bekanntes Beispiel ist 826 Valencia, ein Schreiblabor mit angeschlossenen Lehr- und Debattier-Räumen in San Francisco, das der Schriftsteller Dave Eggers bereits vor zwanzig Jahren gründete. Mittlerweile gibt es mehrere Ableger an anderen Orten der USA; 2010 folgte die Bildungsorganisation ScholarMatch, ebenfalls philanthropisch unterstützt. Finanziell in einer anderen Liga, doch mit vergleichbarem Anspruch agiert The Intercept, die Non-Profit-News-Organisation des Ebay-Mitgründers Pierre Omidyar. Der Plattform *Democracy Now!*, die TV-, Radio- und Internetkanäle bespielt, steht die Investigativreporterin Amy Goodman vor. Der Politikwissenschaftler Benjamin Barber, auf dessen Arbeit ich im Schlusskapitel zu sprechen komme, rief im Rahmen der CivWorld-Initiative ab den Nullerjahren den sogenannten ›Interdependence Day‹ ins Leben und organisierte in diesem Rahmen weltweit Veranstaltungen zur Demokratiebildung. Die Liste ließe sich fortsetzen; alle hier genannten Initiativen profitieren von ihrem experimentellen Charakter und der Tatsache, dass sie weniger historischen Ballast tragen, dem sie sich verpflichtet fühlen.

Vom amerikanischen Soziologen C. Wright Mills stammt die Aussage, in den USA gäbe es keine *working class*, sondern nur eine *working mass*. Und tatsächlich gibt es keine relevante sozialdemokratische oder linke Partei in den USA, ebenso wenig wie eine flächendeckende, schlagkräftige Struktur an Gewerkschaften. Linksliberales Denken hat sich im Mutterland des Kapitalismus nie in eine systematisch organisierte Form übersetzt. Organisation ist hierbei der entscheidende Punkt: Anfang des 20. Jahrhunderts gab es auch außerhalb der USA keinen real existierenden Sozialismus in Reinform, wie der deutsche Princeton-Politologe Jan-Werner Müller zu Recht anmerkt. Doch bildete sich in den USA kein Pendant zur deutschen SPD oder britischen Labour-Partei heraus. Stattdessen entscheiden sich die Gewerkschaften schon Ende des 19. Jahrhunderts bewusst gegen eine Politisierung, soll heißen: gegen die Zuordnung zu einer bestimmten Parteiideologie. Sie fürchten die

Aufspaltung, wegen ideologischer Konflikte, aber auch in gläubige Arbeiter und tendenziell atheistische Sozialisten. Wie Müller 2016 in seinem Essay für den Deutschlandfunk festhält, fehlt auch deshalb die historisch enge Verbindung zur Arbeiterschaft. Interessanterweise geht – aus demselben Grund – das Zielpublikum progressiver und linker Denker schon lange weit über die Arbeiterschaft hinaus, wenn es sie auch explizit einschließt. So spricht Howard Zinn, eine Ikone der Linken, neben Fabrikarbeitern und Dienstleistern vor allem die Studierenden und Schüler seines Landes an; mit Erfolg: Sein mittlerweile zum Klassiker avanciertes Buch *A People's History of the United States* hat sich bereits 2003 eine Million Mal verkauft; an der dramatischen Lesung zu diesem Jubiläum nehmen im Kulturzentrum und Bürgerhaus YMHA 92nd Street in New York zahlreiche bekannte Aktivisten, Autoren und Künstler anderer Sparten teil.

Progressiver Diskurs fällt in den USA deshalb offener, spontaner und damit auch produktiver aus als in Deutschland, weil sich ihm immer wieder Räume eröffnen, in denen neue – und auch unorthodoxe – Ideen zu Gesellschaftsentwürfen für das 21. Jahrhundert leichter Platz finden. Eben weil nie der Anspruch bestand, linkes Denken über ideologische Differenzen oder lebensweltliche Anschauungen hinweg zu einer Einheit zu verschmelzen, sind seine einzelnen Bestandteile bis heute in der Form individualistischer und hochaktiver Strömungen erhalten geblieben. In der Konsequenz ist das Verständnis dessen, was ›progressiver Diskurs‹ bedeuten kann, umfassender und toleranter, sozusagen weiter ausgeprägt. Aus dieser Tatsache bezieht die junge Generation amerikanischer Progressiver die Kraft, etwa an den Universitäten des Landes schnell und entschieden populistischen Gefahren von rechts entgegenzutreten. Häufig nimmt diese Gegenwehr die Form origineller Happenings an, zu denen sich Studierende zusammenfinden, die jenseits einer grundsätzlich progressiven Orientierung wenig verbindet. Ab und an kommt es allerdings auch zu massiven Sachschäden durch radikale Protestler, so geschehen 2017 auf dem Campus der Universität Berkeley, wo der rechts-reaktionäre Provokateur Milo Yiannopoulos sprechen wollte. In jedem Fall formiert sich Widerstand nicht nur schlagkräftiger, sondern auch deutlich weniger schwerfällig als in Deutschland, wo Ton und Rhythmus noch immer durch die Gewerkschaft Erziehung und Wissenschaft (GEW) oder den Verband Bildung und Erziehung (VBE) vorgegeben werden.

Der deutsche Volkswirt und Soziologe Werner Sombart bemerkte in seiner Studie *Warum gibt es in den Vereinigten Staaten keinen Sozialismus?* schon 1906 mit Blick auf die andere Seite des Atlantiks, dort seien an »Roastbeef und Apple-Pie [...] alle sozialistischen Utopien zuschanden« gegangen. Sombarts Einsichten, zu einer Zeit erlangt, als der Progressivismus in den USA auf seine Hochphase zusteuern sollte, sind noch beinahe 120 Jahre später hilfreich. Amerikanische Arbeiter hatten lange Zeit im Vergleich zu ihren europäischen Pendants eine starke Position im Gesamtgefüge: Ihre Arbeitskraft war gefragt, die Löhne und vor allem die Kaufkraft entsprechend höher. Die Teilnahme an der Konsumkultur einer Gesellschaft hat ihre Annehmlichkeiten; solange sie sich gutes Essen und ein angemessenes Zuhause leisten können, so Sombarts Logik, haben die amerikanischen Arbeiter daher wenig grundsätzliche Vorbehalte gegen das System, in dem sie agieren.

Noch heute lassen sich die Spuren dieser Entwicklung im progressiven Diskurs nachverfolgen. Er findet auch deswegen Anklang in der Breite der Bevölkerung, weil er nicht per se kapitalismuskritisch aufgeladen daherkommt und damit anschlussfähiger ist. Natürlich blieb auch den Arbeitern der damaligen Zeit die teils krasse Ungleichheit ihrer Gesellschaft nicht verborgen, doch glaubten die wenigsten, dass es sich hierbei um dauerhaft festgefügte Strukturen handele. Stärker als auf der anderen Seite des Atlantiks wurde der Kapitalismus in den USA in aller Regel als

Aufstiegsversprechen gedeutet: als Chance, Teil des großen Experiments, der auserwählten Nation, zu sein. In dieser Überzeugung, die erst viel später Risse bekommen sollte, lag letztlich das einzig verbindende Element einer ansonsten hochdiversifizierten US-amerikanischen Arbeiterklasse. Die USA, so Müller, verstehen sich ihrem Ansatz nach als »Antithese kollektivistischer Ideen«. Es geht im Streben nach Glück immer in erster Linie um die individuelle Entfaltung. Aus offensichtlichen Gründen stellt dies jederzeit eine Hürde für linke und progressive Ideen dar. Ihre Protagonisten müssen dafür Sorge tragen, eine kritische Masse hinter sich zu vereinen, um Schlagkraft zu entwickeln. Andererseits erlaubt der ausgeprägte Individualismus mehr Unterschiedlichkeit. Ideenreichtum erwächst nicht zuletzt aus der Konkurrenz vieler, für sich agierender Ideenproduzenten.

Im Umfeld der Universitäten lässt sich dies in den USA bis heute gut beobachten. In den Geistes-, Kultur- und Sozialwissenschaften gibt es traditionell ein linksliberales Übergewicht. Weil man sich in der politischen Ausrichtung ähnelt, ist es umso wichtiger für den Einzelnen, innerhalb der Hochschule, vor allem aber auch hinsichtlich einer breiteren Öffentlichkeit ein eigenes Profil zu entwickeln. Das ist Amerikas akademischen Vordenkern bewusst. Nicht von ungefähr wählt Cornel West für seine Rolle im öffentlichen Diskurs die des Predigers in Tonfall und Wortwahl, außerdem die oben erwähnte Nähe zum Hip-Hop und zur Popmusik. Howard Zinn positionierte sich schon früh als Aktivist und Protestler und damit ähnlich wie Angela Davis an der Schnittstelle von Politik, Aktivismus und Akademie. Elizabeth Warren, heute demokratische Senatorin aus Massachusetts, fand ihren Weg in die Politik erst nach langen Jahren als Jura-Professorin an der Harvard Universität; eine Zeit, auf die sie häufig bei Auftritten zu sprechen kommt.

Alle hier Genannten stehen für eine vergleichsweise organische Verbindung von verschiedenen Milieus – Universitäten,

Publizistisches, Politik –, die in dieser Form nur in den USA so ausgeprägt auftritt. Es ist leichter als in Deutschland möglich, in diesen Milieus gleichzeitig zu wirken bzw. von einem ins andere zu wechseln. Entsprechend ist der öffentliche Diskurs vielfarbiger, weil er durch die Charakteristika der einzelnen Milieus bzw. deren Ineinanderfließen geprägt wird. Zudem bekommt dezidiert linksliberales und progressives Gedankengut eine größere Plattform als bei uns – wobei dies nicht ohne Kritik vonstatten geht. Für Steven Pinker etwa, selbst an der Harvard Universität tätig, hat die akademische Linke den Zug der Zeit ebenso sehr verpasst wie die als ewig gestrig verschrienen Reaktionäre und Rechtskonservativen. Letztere sind an Amerikas Universitäten klar in der Minderheit; allerdings gibt es einzelne Bastionen wie die Liberty University, die Brigham Young University und die Pepperdine University. Laut Pinker ist das Problem der Linken ihre »Verachtung für den Markt und ihre Romanze mit dem Marxismus« (PINKER 2018: 364). Diese Kritik ist insbesondere für die Kulturwissenschaften nicht ganz von der Hand zu weisen, wo eine hochtheoretisierte Variante des Marxismus überwintert hat. Allerdings findet sie in ihrer Reinform selten außerhalb des Campus Anklang. Zudem hat seit einigen Jahren das Motiv der Anwendbarkeit stark an Bedeutung gewonnen. Unter dem Eindruck der Pandemie, wie zuvor schon unter dem Eindruck der Finanz- und Wirtschaftskrise, haben viele Forscher erkannt, dass sich ihre Relevanz außerhalb der Universität daran bemisst, wie ihre Konzepte zu den anstehenden Herausforderungen der Gesellschaft passen.

In der Politik lässt sich noch deutlicher beobachten, wie sich progressive Konzepte im öffentlichen Diskurs schrittweise konkretisieren und somit praktikabler werden. Die Demokratische Partei begriff spätestens bei den Zwischenwahlen im Kongress 2018, wie zentral dieser Aspekt für die Bedeutung der eigenen Ideen ist. Wie lange nicht wurden die eigenen Kandidaten im Abgeordnetenhaus und Senat als pragmatische Praktiker der Mitte präsentiert, als diejenigen, die mit beiden Beinen auf dem Boden der Realität stehen und den wolkigen Versprechungen Trumps eine Politik zum Anfassen entgegenhalten. Mindestlohn, faire Hypothekendarlehen, bezahlbare Krankenversicherungen, sanierte Schulen: ein Staat, der sich kümmert und denjenigen Hilfe bietet, die sie benötigen, aber in keiner Weise übergriffig wird. Gleichzeitig gingen einige vom linken Rand der Partei deutlich weiter. Ein Kunststück, dass diese Balance gelang, schon, weil etwa AOC und vor allem Rashida Tlaib und Ilhan Omar für ihre Ideale eine im Vergleich zum Rest der Partei auch deutlich offensivere Rhetorik wählten. Inhaltlich steht der von diesem Team junger Abgeordneter skizzierte Green New Deal, eine grundlegende Kehrtwende in Sachen Sozial- und Wirtschaftspolitik und vor allem in der Umweltpolitik, ohnehin für amerikanische Verhältnisse weit links.

Einen dritten Kreis bildet schließlich die Debatte im Umfeld des linken Parteiflügels, wo sich neben einigen Abgeordneten vor allem Intellektuelle, Aktivisten und Publizisten zusammenfinden. Hier steht das Labor für progressives Denken in den USA; alle, die hier experimentieren, wollen die entwickelten Konzepte für die Realität fit machen und zweitens vor allem die jüngere Generation erreichen, besonders auch über digitale Wege. Drittens soll lange Zeit verpönten Begrifflichkeiten ein neues Image verpasst werden. Mit Erfolg: Nachweislich gewinnen im Verlauf der letzten sechs bis sieben Jahre, also seit dem Wahlkampf Trumps, der zu seinem Sieg führen sollte, vor allem bei jungen Bevölkerungsgruppen nach unseren Begriffen sozialdemokratische und progressive Ideen an Beliebtheit. ›Progressiv‹, ›links‹, ›alternativ‹: Über Jahrzehnte hatte die Republikanische Partei diese Begriffe im öffentlichen Diskurs negativ aufgeladen; Müller hält in seinem Essay fest, dass »Sozialismus« gar inflationär »als Schimpfwort« gebraucht wurde. Für Millenials, erst nach dem Ende des Kalten Krieges geboren, eine echte Herausforderung: Wie die wahre Bedeutung der oben angeführten Begriffe erkunden? Ironischerweise sollte ausgerechnet die rechtskonservative Verunglimpfung von Barack Obama und später Bernie Sanders als Sozialisten dafür sorgen, dass viele junge Amerikaner diese Titulierung fortan eher als Kompliment denn als Kritik auffassten; schließlich genießt vor allem letzterer bei seinen Anhängern Kultstatus (ersterer vor allem auch deswegen, weil seine Frau Michelle als cool gilt).

Auseinandersetzungen wie die hier angeführte zwischen Konservativen und Linksliberalen um die eigentliche Bedeutung von ›Sozialismus‹ dauern bis in die Gegenwart an. Als Beobachter des Geschehens, insbesondere von außeramerikanischer Warte, ist man versucht, sich auf ein verbales Armdrücken dieser Art zu fokussieren. Dabei kommt es auf etwas anderes an, das sich jenseits parteipolitischen Gerangels abspielt: Weist der moderne progressive Diskurs die Kraft auf, kurzfristig und immer wieder aufs Neue auf eine sich verändernde Welt zu reagieren? Und zwar anhand praktikabler Lösungen? Lösungen, die unter Einbezug derjenigen entwickelt werden, die von der sich verändernden Welt primär betroffen sind, und nicht an diesen Betroffenen vorbei? Alle drei Fragen lassen sich für den Progressivismus des 21. Jahrhunderts mit ja beantworten, denn seine großen Stärken liegen in ebendiesen Bereichen. Damit ist er im Übrigen konservativen wie auch libertären Lösungsangeboten überlegen. Vor allem jedoch macht er aus sich heraus den beiden zentralen Generationen unserer Zeit ein attraktives Angebot, sich in den öffentlichen Diskurs und damit die Gestaltung unserer Gesellschaft einzubringen: den Millenials der Generation Y und ihren Vorgängern, der Generation X, die dieser Tage in allen westlichen Demokratien in politische Verantwortung aufrücken.

Die oben angesprochene Flexibilität und Responsivität des progressiven Diskurses ist eine seiner großen Stärken. Im 21. Jahrhundert, das ungleich mehr als das vorangegangene 20. Jahrhundert im Zeichen globaler Vernetzung und (analoger wie digitaler) Interdependenz steht, gewinnt diese Stärke relativ zu anderen Ansätzen, unsere Gesellschaft zu diskutieren, sogar noch an Bedeutung. Sich anpassen und verändern zu können, hat dabei mit Wankelmütigkeit nichts zu tun, wenn dieser Vorwurf auch häufig vonseiten konservativer Kritiker zu hören ist. Vielmehr geht es darum, auf neue Rahmenbedingungen zu reagieren, sei es, dass diese Bedingungen durch politische Entscheidungen oder durch ihr Gegenteil, das Unterlassen von Handlungen wie im Fall des Klimawandels, bestimmt werden. Was in Deutschland noch schneller als anderswo gerne als prinzipienlos oder willkürlich verschrien wird, findet in den USA bei aller Kritik ein zunehmend größeres Publikum. Man denkt eben, wie in Kapitel eins ausgeführt, tendenziell eher als bei uns ›vom Ergebnis her‹: Was funktioniert, ist gute Philosophie. Sobald es nicht mehr funktioniert, wird umgebaut, aktualisiert, oder ganz neu gedacht.

Um diesen Punkt zu illustrieren, möchte ich abschließend beispielhaft einige Überlegungen der belgischen Politikwissenschaftlerin Chantal Mouffe anführen, die noch mit knapp achtzig Jahren Politische Theorie an der University of Westminster in London lehrt. Mouffe befasste sich in ihrer Forschung lange Zeit mit klassischen Links-rechts-Kategorien, und zwar in Bezug auf Freiheit vs. Gleichheit in kapitalistischen Gesellschaften. Den Konflikt zwischen den Vertretern dieser beiden Lager, so Mouffe, gelte es möglichst intensiv auszufechten bzw. sogar auszubauen. Gerade an der ›Kampflinie‹, wo sich links-progressive und konservativ-rechtskonservative Kräfte begegnen, entsteht demnach das belebende Element, das eine Gesellschaft voranbringt. Hierzu gehöre allerdings, dass beide Seiten »die politische Gegner*innenschaft als legitimen und konstitutiven Bestandteil der Politik akzeptieren« (AGRIDOPOULOS 2020: 598). Später hält Mouffe für die Nullerjahre fest, dass sich das Feld der Auseinandersetzung in modernen westlichen Demokratien verschoben hat. Größtenteils würde nun von einem »rationalen Konsens um die neoliberale Wirtschaftsordnung« ausgegangen (ebd.). Entsprechend verschiebt sich die ›Kampflinie‹, an der es die Diskurshoheit auszufechten gilt. Sie verläuft für Mouffe nun zwischen rechtskonservativen bis offen rechten Populisten und den von ihr so titulierten »guten Demokraten« im links-progressiven Lager (Mouffe in AGRIDOPOULOS 2020).

Im Verlauf des letzten Jahrzehnts und insbesondere unter dem Eindruck des rechtspopulistischen Aufschwungs in Europa wie in den USA seit 2015/16 lässt sich eine erneute Verschiebung in der Kategorisierung beobachten, die Mouffe vornimmt. Sie rückt komplett von der »Frontstellung links/rechts« ab, weil diese »unter den aktuellen Bedingungen nicht der adäquateste Weg« sei (ebd.). Die neu zu etablierende Kampflinie besteht in der »Konstruktion eines transversalen und progressiven Kollektivwillens, der die vom Neoliberalismus produzierten neuen oligarchischen Formen herausfordern könnte« (ebd.: 598f.). Diese Formulierung macht klar, in welch hohem Ausmaß progressiver Diskurs auf inkludierende Elemente abhebt. Deutlich scheint die ursprüngliche Bedeutung des progressiven Gedankens durch: Fortschritt, im Sinne einer sich angesichts neoliberaler Exzesse wappnenden und neu formierenden Gesellschaft. Eine Gesellschaft, in der alle – unabhängig davon, wo sie bei der nächsten Wahl ihr Kreuz machen – von den Konsequenzen betroffen sind, welche eine alle Lebensbereiche durchdringende Kapitalisierung mit sich bringt. In diesem Verständnis sind alle aufgerufen, die ›neuen Oligarchen‹ herauszufordern und ihre anhand neoliberaler Mechanismen erworbenen Privilegien im öffentlichen Diskurs zu hinterfragen.

Was zunächst sehr abstrakt klingt, erinnert bei genauerem Hinsehen frappierend an einige der zentralen – und sehr konkreten – Forderungen, welche die Vertreter der Populist Party in den USA einst vorgebracht hatten (siehe hierzu Kapitel zwei).

Eine junge Generation Progressiver übersetzt derzeit diese Forderungen für unsere Zeit: eine faire Steuerpolitik, die Einhegung wilder Spekulationen an der Börse (die ihren vorläufigen Höhepunkt hierzulande in den sogenannten ›Cum-Ex-Geschäften‹ finden sollte, welche erst seit Mitte 2021 als Straftat gelten und lange Jahre massiv zu Lasten des Steuerzahlers abgewickelt wurden), die Abwendung der nächsten Immobilienblase, die Absenkung teils horrender Studiengebühren, ein effektives Pandemiemanagement usw.

Einen starken Impuls erhielt der junge progressive Diskurs in Form der Mobilisierungskräfte, die im Verlauf des Wahlkampfs 2015/2016 und insbesondere nach dem Sieg Trumps freigesetzt wurden. Interessanterweise blieb dieses Phänomen schon früh nicht nur auf die USA beschränkt, sondern wirkte sich auch in der anderen großen westlichen Demokratie, der Bundesrepublik Deutschland, aus. Doch wäre es verfehlt, die Kernzelle für den Treibstoff des progressiven Diskurses nur an der Person Trump festzumachen. Er darf bis heute mehr als Symptom einer gesamtgesellschaftlichen Krise denn als deren eigentliche Ursache gelten. Schon zuvor, d. h. im Verlauf der letzten fünfzehn Jahre, waren verstärkt progressive Impulse aufgetreten, die vor allem auf praktische Lebenserfahrungen der jungen Generation zurückgehen: Als die Millenials, um 1990 geboren, knapp zwanzig Jahre später ins Berufsleben starten bzw. im Studium auf dieses Leben hinarbeiten, spüren sie die Auswirkungen der Wirtschafts- und Finanzkrise mit voller Wucht. Das alte Versprechen Amerikas, wonach jede und jeder im ›Streben nach Glück‹ eine faire Ausgangschance bekomme, musste in ihren Ohren hohl klingen. Schon damals war klar, dass der Lebensstandard der Elterngeneration nicht mehr zu halten (geschweige denn zu übertreffen) sein würde – ein Novum in der Geschichte der Nation. Und so erblickten im vergangenen Jahrzehnt in ungewöhnlich rascher Folge und Dichte neue soziale Bewegungen das Licht: Occupy

Wall Street (2011), Black Lives Matter (2013), einige Zeit später die Women's-March-on-Washington-Bewegung (2017), die #MeToo-Bewegung (2017) und durchgehend seit 2015 Anti-Trump-Protestbewegungen, die wieder vermehrt Zulauf erhalten, seit der Ex-Präsident laut über ein Comeback nachdenkt.

Diese Bewegungen formieren sich alle um einen vitalen öffentlichen Diskurs eindeutig progressiver Ausrichtung. Sie tragen vor unseren Augen und auf absehbare Zeit zu einer wahren Renaissance progressivistischer Ideen bei, und sie tragen diese Ideen lautstark und in origineller Form in die Mitte der Gesellschaft. Ein rundes Jahrhundert, nachdem der klassische Progressivismus in den USA seine Blüte erlebte, ist dieser Diskurs vitaler denn je – und sieht sich einigen der klassischen Hürden gegenüber, die bereits damals bestanden. Es sind außerdem, wie wir sehen werden, neue Hürden hinzugekommen.

4. BÜRGER ALS DEMOKRATEN. DIE ENGAGIERTE ZIVILGESELLSCHAFT

Der französische Staatstheoretiker Montesquieu, gegen Ende des 17. Jahrhunderts geboren, war ein nüchterner Zeitgenosse – nicht, was seinen Lebenswandel betrifft, denn Montesquieu verbrachte viel Zeit in den Literatursalons von Paris. Allerdings sehr wohl in seinem Blick auf die Gesellschaft, wie er in seiner wichtigsten Schrift, *Vom Geist der Gesetze* (1748), belegt. Dort nämlich kommt die Idee der Zivilgesellschaft kaum vor, es geht Montesquieu alleine um die ›Architektur‹ der politischen Institutionen. Sei diese stabil und durchdacht aufgebaut, funktioniere das ganze System. So gesehen ist Verfassungsdesign wie ein Ingenieursproblem, dem man mit genügend Technikverständnis gut beikommen kann.

Schon Mitte des 18. Jahrhunderts wurde dieser Ansatz der Wirklichkeit nicht gerecht. Angesichts ungleich größerer und zunehmend diverser marmorierter Gesellschaften im 21. Jahrhundert ist dies auch nicht mehr zu erwarten. Schon deshalb, weil das »Erbe des Vertrauens« bezüglich der Institutionen, das lange Zeit »die Basis unserer stabilen Demokratie« war, »erodiert«, wie Robert Bellah in *The Good Society* schon 1991 beobachtete (BELLAH et al. 1991: 3). Der US-Soziologe merkt an, dass dieses Vertrauen zwar keine »nicht-erneuerbare Ressource« sei, aber dennoch »viel einfacher zu zerstören als zu erneuern« (ebd.: 3f.). Seine Warnung hat sich über dreißig Jahre später bewahrheitet.

Bellah wünschte sich bereits damals »eine aufs Neue erweiterte und verbesserte Garnitur demokratischer Institutionen« (ebd.: 9), nicht zuletzt deshalb, weil wir es bei den modernen Demokratien der westlichen Hemisphäre eben nicht mit Maschinen zu tun haben, die sich von den ›Ingenieuren der Politik‹ einstellen lassen. Viel mehr als einer Maschine gleichen die amerikanische wie die deutsche (und natürlich Montesquieus französische) Nation einem komplexen lebendigen Organismus.

Ausgerechnet die US-Demokratie war dabei anfangs keineswegs ein organisch gewachsenes Staatsgebilde. Stattdessen wurde sie von den Gründervätern quasi am Reißbrett entlang der Verfassung entworfen. Ein dermaßen durchgeplanter Staats- und Gesellschaftsentwurf bringt Probleme mit sich, weil nicht alle einst fixierten Prinzipen später noch zeitgemäß sind; man denke nur an die Zusammensetzung des Senats. Umgekehrt erlaubt das US-Modell, gerade weil es komplett als theoretischer Entwurf zur Umsetzung in der Praxis konzipiert wurde, unkomplizierter als bei uns Umstellungen und Ergänzungen. Die Demokratie der USA ist ein permanenter Aushandlungsprozess, und insofern stellt sie eine entscheidende Weiterentwicklung im Vergleich zu Montesquieu dar, wenn sich auch einige der *Founding Fathers* auf ihn beziehen sollten. Bis heute können Neuerung und Korrektur leichter Eingang finden als in anderen westlichen Demokratien. Diese Pendelausschläge lassen sich regelmäßig beobachten, so in jüngerer Zeit beim Übergang von der Präsidentschaft Bush zu Obama, hin zu Trump ab 2017 und schließlich Anfang 2021 zu Joe Biden; nicht von ungefähr gehen jeweils die Anfänge dieser Amtszeiten mit zahlreichen Gesetzesinitiativen einher. Nicht selten werden diese von Interessengruppen in den Prozess eingespeist, wobei der öffentliche Diskurs gezielt genutzt wird, um Druck auf die politisch Verantwortlichen auszuüben.

Ein weiteres Erbe der Gründerzeit ist, dass die Parteienlandschaft der USA von zwei großen Parteien dominiert wird. Ihnen ist naturgemäß nicht daran gelegen, dass die vielen weiteren Parteien im Spektrum eine relevante Rolle einnehmen. Gleichzeitig müssen die beiden Großen dadurch jedoch sehr viele und unterschiedliche Strömungen in sich vereinen. Darunter sind immer häufiger und sichtbarer auch explizit progressive Strömungen. Unter dem Dach der Partei (hier: der Demokraten) können sie in der Folge schnell gesetzgeberische Gestaltungsmacht entfalten. In Deutschland fällt es den Verfechtern progressiver Ideen im Vergleich schwerer, sich auf exekutiver Ebene Gehör und Gewicht zu verschaffen, unter anderem deshalb, weil sie Kleinparteien angehören (oder es aufgrund der 5%-Hürde erst gar nicht in den Bundestag schaffen).

Insgesamt kann das politische System Deutschlands im Vergleich zum US-amerikanischen als stabiler und besser abgesichert gegen undemokratische Tendenzen gelten. Es ist jedoch auch rigider und in seiner Bürokratie schwerfällig: ein echter Hemmfaktor für innovative Ideen und progressive Visionen, welche Amerika regelmäßig dabei helfen, einen Weg aus der Krise zu finden. Mit anderen Worten: Der öffentliche und der politisch-institutionelle Diskurs sind in Deutschland schärfer voneinander abgegrenzt, wenn diese Grenzen in den 2020er-Jahren auch allmählich ein wenig poröser werden. Dennoch bleibt ein ›Reibungsverlust‹, dem viele Ideen zum Opfer fallen, die außerhalb der Parlamente entwickelt werden.

Unterm Strich bestehen – formal, also mit Bezug auf das politische System betrachtet – bei allen Differenzen zwischen den beiden großen westlichen Demokratien USA und Deutschland zahlreiche Parallelen (ein Unterschied ist offensichtlich die relativ höhere Durchlässigkeit für politische Quereinsteiger wie Trump). Wirklich interessant mit Bezug auf den öffentlichen Diskurs ist daher weniger die Struktur des politischen Systems, sondern etwas Anderes, Umfassenderes (und gleichzeitig schwer zu Greifendes): das Demokratieverständnis der Amerikaner.

Und damit zweitens auch ihr Verständnis von Zivilgesellschaft. Schließlich bilden beide in Summe den Rahmen für ebendieses politische System und formen es bis heute mit. Andere sagen zu Recht, sie zwingen es in eine Form, die mittlerweile durchaus ihre Defizite hat. Die Anforderungen des 21. Jahrhunderts unterscheiden sich nun mal von den Leistungen, auf die der Systementwurf der Gründerväter ausgelegt war. Wichtiger ist an dieser Stelle, dass sich vom Demokratieverständnis einer Nation zu großen Teilen auch ihr Diskursverständnis ableitet: eine Linie, die Alexis de Tocqueville bereits 1835 in *Über die Demokratie in Amerika* gezogen hat: »Da jedermann Recht hat und sicher ist, seine Rechte auch durchzusetzen, würde sich dann zwischen allen Klassen ein gesundes Vertrauen und eine gewisse gegenseitige Nachgiebigkeit einstellen, die vom Hochmut so weit entfernt ist wie von der Erniedrigung« (MAYER 1986: 24).

Tocquevilles erstaunlich hellsichtiger Text veraltet nicht. Allerdings warnt derselbe mit seiner berühmt gewordenen Formulierung von der »Tyrannei der Mehrheit« davor, wie fragil öffentlicher Diskurs ist. Jeglicher ausgehandelte Kompromiss oder Konsens bedarf demnach immer einer Absicherung, nämlich des garantierten Schutzes der Minderheit(en), die von der Mehrheit, wenn auch demokratisch, überstimmt werden. Dies gilt im progressiven Diskurs nicht minder als anderswo, faktisch in jüngerer Zeit sogar mehr denn je. So laufen durchaus einige der progressiven Vordenker Gefahr, den Diskurs als Ganzes dominieren zu wollen, wie es ihnen zuvor von anderer Seite ergangen war. Man kann den Wortführern im Lager der Progressiven zugutehalten, dass sie besonders engagiert zu Werke gehen und eben nicht in Passivität oder gar Lethargie verfallen. Trotzdem ist das Risiko real, dass sich energisches Engagement in allzu energische Ansprüche übersetzt, nur noch das Eigene gelten zu lassen und Andersdenkenden faktisch den Zugang zum Diskurs zu verwehren.

Diese besorgniserregende Entwicklung in jüngerer Zeit berührt den heiligen Gral im öffentlichen Diskurs der USA, die Meinungsfreiheit. Sie ist zentrales Gut aller funktionalen Demokratien. Im Land der unbegrenzten Möglichkeiten wird sie jedoch nicht nur nochmals höher als anderswo eingestuft, sondern dazu auch noch sehr weit ausgelegt. Nur so lässt sich erklären, dass sich das Herausgebergremium der *New York Times* Mitte März 2022 zu einer eindringlichen Stellungnahme verpflichtet fühlt. Unter der Überschrift »America has a free speech problem« setzt sich das Board in einem langen Text damit auseinander, wie sich die Nation bezüglich bestimmter Themen in eine diskursive Ecke manövriert habe, aus der es kaum noch einen Ausweg zu geben scheine. Die zunehmend ideologisch aufgeladene Cancel-Culture-Spirale sorge demnach dafür, dass sich die Linke wie die Rechte in einer »destruktiven Dauerschleife aus Beschuldigung und Gegenbeschuldigung« wiederfänden. Die Linke weigere sich kategorisch, anzuerkennen, dass es so etwas wie Ausgrenzungskultur, also die systematische Tabuisierung von Aussagen und den Ausschluss von Individuen, die solche Aussagen dennoch tätigen, überhaupt gibt. Die Rechte hingegen wende in ihrem Kampf gegen die vermeintlichen Exzesse der Cancel Culture selbst immer extremere Methoden der Zensierung und Diskursbeschneidung an, also genau die Methoden, welche sie der Linken vorwerfe. Am Ende seien die meisten Amerikaner »verständlicherweise verwirrt«, was sie eigentlich noch sagen könnten, und was davon in welcher Situation.

Die Rahmenbedingungen für Diskursgestaltung, daran lässt die liberale *New York Times* keinen Zweifel, sind unter diesen Umständen, die in Teilen eben durchaus von den Links-Progressiven mitverantwortet werden, keineswegs ideal. Mittlerweile schlägt sich das Problem auch in Umfragen nieder, so in einer Erhebung vom Februar 2022, durchgeführt von der Zeitung in Kooperation mit dem Siena College. Dort geben nur mehr 34 Prozent der

Befragten an, dass in den USA komplette Meinungsfreiheit für alle herrsche. Massive 84 Prozent der erwachsenen Befragten halten es für ein »sehr ernsthaftes« oder zumindest »ernsthaftes« Problem, dass zwischen fünfzig und sechzig Prozent der Amerikaner (dies ein weiteres Ergebnis der Umfrage) in Alltagssituationen nicht offen sprächen, da sie mit harter Kritik oder »Vergeltungsmaßnahmen« rechneten. Knapp die Hälfte gab an, sich unfreier zu fühlen, was das Reden über politische Themen angehe, als noch vor einer Dekade. Diese Befunde lauten ähnlich, gleich ob sich Menschen dem republikanischen (58%), demokratischen (52%) oder unabhängigen (56%) Lager zurechnen.

In jüngerer Zeit formulieren angesichts derartiger Zustände einige Beobachter der öffentlichen Streitkultur eine berechtigte »Sorge um den Erhalt von demokratischer Sozialität« (NEUMANN 1998: 103), also die Sorge, ob den modernen Demokratien vermeintlich paradoxerweise gerade aufgrund des wachsenden Engagements ihrer Bürger eine gewisse Gefahr von innen droht. Um kein Missverständnis aufkommen zu lassen: Dass sich wieder mehr, und vermehrt junge, Menschen einbringen, ist grundsätzlich positiv. Die Summe und teils Radikalität widersprüchlicher Interessen der vielen, die sich etwa in den Foren sozialer Medien in die Streitfragen unserer Zeit einmischen, stellt jedoch unzweifelhaft eine Belastung für den öffentlichen Diskurs dar. Hinzu kommt eine wachsende Egozentrik in den getätigten Aussagen; nicht immer ist klar, ob es wirklich um die Sache, oder nicht viel mehr um das eigene Image geht. Wie viel echtes Interesse am demokratischen Diskurs ist also gegeben? Während hier die Rede speziell von der digitalen Arena ist, beschäftigten diese Fragen bereits Tocqueville, der noch in einer durch und durch analogen Welt lebte. Ihm ging es darum, »wie sich in einer von ihm bejahten volkssouveränen Gesellschaftsform die potentiell zerstörerischen Folgen des Individualismus bändigen ließen« (NEUMANN 1998: 103).

Längst nicht alle sind heute so skeptisch. Helmut Dubiel begrüßt ausdrücklich, dass aus einer »öffentlichen Dauerreflexion« heraus (DUBIEL 1998: 104) »immer gegensätzlichere Interessen und Intentionen formuliert« (ebd.) werden. Für ihn ist die kontroverse Dauerdebatte der Kern und auch der Sinn der Demokratie unserer Zeit. Der permanente Konflikt, der nicht nur in der Sache, sondern auch durch das Auftreten der Protagonisten befeuert wird, ist nicht nur unauflöslich, sondern sollte keinesfalls für einen »imaginären Konsensus« (ebd.) aufgegeben werden. Dubiel hat Recht: Gerade das Kontroverse in einer Debatte kann man so auslegen, dass es allen an der Kontroverse Beteiligten um viel geht, nämlich um dieselbe Gesellschaft, die wir uns im 21. Jahrhundert teilen. Selbst im größten Streit gibt es also eine Verbindung in der Ernsthaftigkeit, mit der alle um den besten Weg ›nach vorne‹ ringen; die schlechtere Alternative wäre allemal, wenn es sich die ›Streithähne‹ egal sein ließen. In jedem Fall besteht immer das Potenzial für Fortschritt in Gesellschaft und Politik, solange die Diskursteilnehmer bereit sind, Energie und Gedanken zu investieren – keine Selbstverständlichkeit in einer Zeit, in der Aufmerksamkeit das knappste Gut darstellt.

Trotzdem sollten wir nicht bei Dubiel stehenbleiben, für den Demokratie am Ende schlicht »gelungene Konfliktzivilisierung« (ebd.) ist. Der progressive Zugriff auf den öffentlichen Diskurs verspricht hier mehr Visionäres und weniger nüchternes Minimaldenken – und genau das macht seine Attraktivität für die junge Generation aus. Hinter der Idee einer aktiv diskutierenden Gesellschaft, die gemeinsam neue Wege in die Zukunft erkundet, steckt eine wirkmächtige Idee der Vergangenheit, die heute aktueller ist denn je: die Idee der Zivilgesellschaft. Kurz gesagt liegt die Grundannahme der Zivilgesellschaft darin, »daß es eine Gesellschaft gibt, die nicht identisch ist mit der politischen Organisation, obgleich sie auf sie bezogen ist« (ebd.: 133); oder, um einen Gedanken des kanadischen Kommunitarismus-Philosophen Charles Taylor anzuführen, eine »autonome Öffentlichkeit mit einer eigenen Meinung« (Taylor zit. nach NEUMANN 1998: 133). Das klingt gut, allerdings stellen sich sogleich eine Reihe an Fragen: Wer ist diese Öffentlichkeit? Hat sie eine einhellige Meinung? Wie wäre diese messbar, und in welchen Abständen, wenn man davon ausgeht, dass sich diese Meinung (un-)regelmäßig ändert?

Taylor selbst und viele vor und nach ihm haben versucht, diesen Herausforderungen beizukommen. Ich möchte in den folgenden Kapiteln den Versuch unternehmen, ›die Öffentlichkeit‹ in verschiedene repräsentative Teilöffentlichkeiten aufzusplitten, die für unser Hauptanliegen, den öffentlichen progressiven Diskurs, besonders relevant sind: die Medienlandschaft, die Hochschullandschaft und ihr Wirken in die breitere Öffentlichkeit, ebenso sehr wie das spannungsgeladene und dabei durchaus fruchtbare Verhältnis zwischen gewählten Volksvertretern und politisch informierten Kreisen, also Menschen, die Wert darauf legen, in politischen Dingen auf der Höhe der Zeit zu sein, im Hauptberuf jedoch anderen Beschäftigungen nachgehen. Insofern fasse ich Zivilgesellschaft also für die 2020er-Jahre weiter als dies vor einigen Jahrzehnten bei Taylor der Fall war. Ihm ging es vor allem um »all jene staatsfreien Räume, in denen gesellschaftliche Problemlagen von mittelbar oder unmittelbar Betroffenen [...] aufgenommen und verarbeitet werden« (NEUMANN 1998: 134). Aus meiner Sicht haben sich die von Taylor gezogenen Grenzen in jüngerer Vergangenheit verschoben. Allenfalls sind sie nicht mehr so klar zu ziehen, verstehen sich etwa einige jüngere Abgeordnete im US-Kongress wie das (komplett weibliche) *squad team* um Alexandria Ocasio-Cortez offenkundig nicht ›nur‹ als gewählte Volksvertreterinnen in den Institutionen, sondern explizit als Bindeglied zwischen staatlichen Institutionen und den staatsfreien Räumen, von denen Taylor spricht.

Ebenso möchte ich Taylors Unterscheidung von den »mittelbar oder unmittelbar Betroffenen« und der weiteren »politischen Öffentlichkeit« (NEUMANN 1998: 134), die von ersteren »alarmiert« wird (ebd.), hinterfragen. Oder besser: erweitern. Der Clou am aktuellen progressiven Diskurs ist nämlich gerade, dass er diese Trennung nach Kräften aufzuheben versucht. Seinen Vordenkern liegt daran, die Gesellschaft als Ganzes zu »alarmieren«, soll heißen, auch bisher wenig am politischen Geschehen Interessierte für die drängenden Fragen unserer Zeit zu sensibilisieren: den Klimawandel und Umweltschutz ebenso wie den Tierschutz und Fleischkonsum bzw. generell eine gesündere Ernährungsweise, die auch durch einen nachhaltigeren Umgang mit natürlichen Ressourcen motiviert ist. Zu dieser übergenerationellen Verantwortung gehört im progressiven Diskursverständnis auch die Gleichstellung der Geschlechter nicht nur im Beruf, sondern in allen Lebensbereichen sowie die oben bereits angesprochenen Reformen im Arbeitsleben (Mindestlohn, Kündigungsschutz, Rentensicherung, erschwingliche Bankkredite usw.).

Die Logik dahinter ist einleuchtend: Von den hier aufgelisteten ernsten Herausforderungen ist die Gesellschaft als Ganzes und zukünftig mindestens die gesamte aktuell junge Generation betroffen. Daher sollten sich alle angesprochen fühlen, am öffentlichen Diskurs zu Lösungsansätzen teilzunehmen. Zumindest sollten alle die Chance haben, sich »alarmieren« zu lassen, und auch andere zu alarmieren, um den Diskurs möglichst umfassend zu gestalten. Michael Walzers Definition der Zivilgesellschaft kommt diesem Anspruch schon näher; für ihn ist sie ein »Handlungsraum von Handlungsräumen: alle sind aufgenommen, keiner bevorzugt« (Walzer zit. nach NEUMANN 1998: 136). Walzer, eine Ikone der politischen Philosophie, der, längst im Ruhestand, noch immer ein Büro an der Universität Princeton hat, stellte mir gegenüber im Gespräch einst klar, dass dies umgekehrt keinesfalls bedeute, dass es in einer Zivilgesellschaft keine Rollenverteilung gäbe. Jede demokratische Gemeinschaft kenne die Verteilung von Verantwortlichkeiten, wobei Verantwortlichkeit wiederum in wichtiger Hinsicht spezifisch sei. Gewählten Amtsträgern etwa würden zu Recht Schuld oder auch Anerkennung für politische Entwicklungen zuteil, während die meisten anderen von uns im Wortsinn unschuldig seien, in dieser Hinsicht aber eben auch keine Anerkennung verdienten. Ähnlich ist die Rolle der progressiven Vordenker im öffentlichen Diskurs durchaus eine herausgehobene. Sie sind die Impulsgeber, diejenigen, die Themen setzen. Sie treiben die Agenda voran, moderieren den Diskurs und ziehen, wo nötig bzw. ihrem politischen Wertekanon entsprechend, Grenzen.

Die bereits eingangs erwähnte US-Politologin Anne-Marie Slaughter betont, dass jeder Diskurs seinen Teilnehmern seinerseits gewisse Grenzen setzt. Der progressive Diskurs macht hierbei keine Ausnahme; insofern, als dass die Einhaltung dieser Grenzen die Voraussetzung dafür ist, dass der Diskurs Bestand hat und nicht in seine Einzelteile zerfällt. Daran ist den progressiven Stimmen unbedingt gelegen, da sie, wie oben erläutert, Pragmatiker sind. Sie wollen für ihre Botschaft werben, und hierfür gilt es, das optimale Forum zu pflegen: den öffentlichen Diskurs, der im Idealfall stabil ausgeprägt und möglichst ausgreifend in verschiedenste gesellschaftliche Felder daherkommt. Es ist offensichtlich, dass deswegen viele Progressive, die in der Sache hart argumentieren, dennoch nicht an den Grundvoraussetzungen des Diskurses rühren. Ein Ausnahme bildet der hochideologisierte linke Rand, der sich vorwerfen lassen muss, ähnlich indoktriniert und exkludierend vorzugehen, wie dies lange das Alleinstellungsmerkmal des reaktionär-konservativen Lagers war. Gerade weil oftmals mit harten Bandagen gekämpft wird, ist für Slaughter die »Toleranz der Verschiedenartigkeit« zentral (SLAUGHTER 2007: 149). Mit dieser Aussage stellt sie sich explizit in die Tradition der großen liberalen Denker, namentlich John Stuart Mill, der laut Slaughter hervorhebt, wie die Gesellschaft als Ganzes von dieser Toleranz profitiert: »(N)icht nur können die Menschen das für sich finden, was ihnen am besten passt; wenn man Individuen ihre unterschiedlichen Wege einschlagen lässt, bringt dies neue Ideen und Innovationen hervor« (ebd.).

Logischerweise ist für Slaughter deshalb das Schlimmste an der überhitzten und polarisierten Debatte, in der sich Amerika derzeit verfangen hat, dass sie die Nation von den eigentlich wichtigen Inhalten und Streitfragen ablenkt. Slaughters Stellungnahme stammt aus dem Jahr 2007, doch ist sie anderthalb Jahrzehnte später nicht weniger aktuell. Vielmehr haben wir es mit dem Typ Herausforderung zu tun, der die amerikanische wie die deutsche Gesellschaft seit Jahrhunderten begleitet, woran sich absehbar nichts ändern wird. Schon der scheidende erste Präsident der USA, George Washington, hatte sein Volk 1796 gewarnt, dass die interne Zersplitterung – heute ›Polarisierung‹ genannt – »von der Deliberation wichtiger Fragen ablenkt, die Regierung schwächt, und ›die Gemeinschaft mit unbegründeter Missgunst und falschen Alarmsignalen aufhetzt‹« (George Washington zit. nach SLAUGHTER 2007: 218).

Die US-Progressiven von heute dürfen sich zugutehalten, dass sie in den meisten Fällen ernsthaft daran arbeiten, den Fokus der ›Gemeinschaft‹ wieder auf die »Deliberation wichtiger Fragen« zurückzulenken. Es steht einfach zu viel auf dem Spiel, und beim Thema Klimaschutz oder der Bekämpfung von strukturellem Rassismus etwa tickt die Uhr, insofern sind die von den Progressiven gesetzten ›Alarmsignale‹ richtig und angebracht. Sie haben in ihrem Anliegen einen wichtigen, faktisch unverzichtbaren, Alliierten: die Medien, und speziell die neuen sozialen Medien. Allerdings weist dieser Alliierte eine sehr schillernde Persönlichkeit auf und kann nicht wirklich als verlässlich gelten. Nicht von ungefähr ist das Mischwort ›Infotainment‹ in den USA entstanden, also die Vermengung von Information und Entertainment. Ein in großen Teilen privatwirtschaftlich organisierter Medienmarkt kämpft um Aufmerksamkeit und Einschaltquoten bzw. Klicks, und eine konsequente politische Agenda steht hierbei nicht unbedingt an erster Stelle. Zum chronisch unsteten Charakter der Medien kommt eine gewisse ›Persönlichkeitsspaltung‹ hinzu, die diese mittlerweile aufweisen: Die traditionellen Flaggschiffe der Medienlandschaft fahren nach wie vor keine klare Linie, was ihren Umgang mit neuartigen Social-Media-Formaten betrifft. Oftmals wirkt es immer noch so, dass man digitale Foren ebenso sehr als Konkurrenz wie als Chance wahrnimmt und zwischen der Umarmung neuer Formate und ihrer traditionsverhafteten Ablehnung hin- und herschwankt. Was das angeht, genügt es, den Blick auf hiesige Zustände zu richten und damit auf die teils sträfliche Vernachlässigung, die einige der großen deutschen Zeitungen ihren Twitter- oder Instagram-Accounts entgegenbringen. All dies macht es der jungen und extrem digitalaffinen Generation progressiver Vordenker (auf beiden Seiten des Atlantiks) nicht gerade leicht; nicht wenige weichen auf eigene Social-Media-Kanäle wie YouTube aus und sparen sich die Mühe der langwierigen Kommunikation mit den alten Schlachtrössern. Doch lauern auf diesem Weg andere Risiken. Außerdem hat das alte amerikanische Sprichwort zu komplizierten Beziehungen aller Art auch hier wieder seine Berechtigung: *Can't live with them, can't live without them*, wie die Protagonisten des nächsten Kapitels bestätigen können.

> »Everyone has a plan – 'til they get
> punched in the mouth.«
> Mike Tyson

5. DENKER UND MACHER.
INSTITUTIONEN UND DER ÖFFENTLICHE DISKURS

Alexandria Ocasio-Cortez ist das größte politische Talent, das die Demokratische Partei seit Obama hervorgebracht hat. Sie ist durchgängig sehr gut informiert, rhetorisch brillant und furchtlos im Duell mit ihren zahlreichen politischen Gegnern, die im Repräsentantenhaus und außerhalb mit harten Bandagen kämpfen. Diese Stärken sind unbestritten; Ocasio-Cortez hat sie seit ihrem Einzug ins Parlament noch ausgebaut. Interessanterweise fußt der Kultstatus von AOC bei der jungen progressiven Wählerbasis jedoch noch immer vor allem darauf, dass sie zu Jahresbeginn 2019 nach einem engagierten Wahlkampf ihr Mandat gewonnen hat. Dabei ist ihr Wahlkreis, der den Osten der Bronx und Teile von Queens umfasst, seit 1927 – abgesehen von einer Unterbrechung in den 1980er- und frühen 1990er-Jahren – durchgehend fest in demokratischer Hand. Die Republikaner kommen seit der Jahrtausendwende nicht mehr über 25 Prozent hinaus, und das wird absehbar so bleiben. Mit einer Veränderung der Mehrheitsverhältnisse im Kongress hatte AOC also nichts zu tun (im Unterschied zu drei anderen Wahlkreisen in New York, welche die Demokraten der GOP abnahmen). Wie also erklärt sich ihre enorme Popularität, und damit auch die Durchschlagskraft progressiver Ideen im öffentlichen Diskurs der jüngeren Vergangenheit, für die AOC beispielhaft steht?

Die Antwort lautet: Ocasio-Cortez, Ilhan Omar, Rashida Tlaib, Ayanna Pressley und andere mehr sind gewählte Abgeordnete, doch ihre politische Identität definiert sich weit darüber hinaus. Die Gruppe nennt sich selbst »The Squad«, was so viel wie Team, aber auch Einsatztruppe heißen kann. Damit ist klar: Die führenden Stimmen im progressiven öffentlichen Diskurs verstehen sich zuallererst als Mitstreiter und Mitstreiterinnen einer gesellschaftsübergreifenden Bewegung, die auf Erneuerung abzielt. Nicht von ungefähr lässt sich das Ineinandergreifen von parlamentarischen und außerparlamentarischen Initiativen in lange nicht gesehener Intensität seit dem Wahlkampf 2015/16 und vor allem während der Amtszeit Trumps beobachten.

Es ist nicht vermessen zu behaupten, dass erst ein Gegner im höchsten Amt des Landes dieses Ausmaß an Mobilisierung und ihre Übersetzung in die gesellschaftliche Wirklichkeit motiviert hat. Aus dem Zusammenspiel von Abgeordnetentätigkeit und Zivilgesellschaft beziehen progressive Vordenker viel Energie. Sie schlagen diese Brücke daher ganz bewusst: in Inhalten, Auftreten und Rhetorik. Außerparlamentarische Unterstützung im politischen Meinungsbildungs- und Entscheidungsprozess ist eine wichtige, vielleicht unverzichtbare, Waffe. Das haben die (lange Zeit durchgehend weiblichen und vergleichsweise jungen) Mitglieder von »The Squad« schon vor ihrer Wahl ins Amt verstanden, und sie pflegen diese Waffe gewissenhaft. Fortwährend knüpfen sie Kontakte zu Menschenrechtsorganisationen, Protestgruppen, Bürgerrechtsvereinen, den Veranstaltern politischer Events und Konzerte, der Kreativwirtschaftsszene, den Schülern und Studierenden im ganzen Land. Damit sorgen sie für ein wachsendes Bewusstsein gerade bei der jungen Bevölkerung, dass die Zeichen der Zeit günstig stehen: die demografische Veränderung macht auch vor der US-Gesellschaft (die im Mittel deutlich jünger ist als die deutsche) nicht halt. Damit verschiebt sich das Gewicht der Debatte absehbar hin zu den Jüngeren. Konservative in allen Teilen der USA haben schon länger mit der offenen Flanke der Republikanischen Partei in dieser Hinsicht zu kämpfen; derzeit lässt sich der Versuch beobachten, die hispanische Minderheit für den konservativen Diskurs zu gewinnen, was bisher allenfalls bei der älteren Generation verfängt.

Wer Abgeordnete und Vordenkerin im Diskurs in einer Person sein will, muss eine knifflige Balance hinbekommen. Eine solche doppelte Positionierung birgt zwei hauptsächliche Risiken, bringt allerdings auch zwei entscheidende Vorteile mit sich. Zunächst zu den Vorteilen eines solchen Vorgehens: Je stabiler und breiter das Band zwischen Parlamentsabgeordneten und ihren Unterstützern außerhalb des Kongresses, desto glaubwürdiger erscheinen politische Entwürfe und generell Politik, die vom Kapitolshügel in Washington ausgeht. Die – formal reale, vor allem jedoch gefühlte – Trennung zwischen ›Volk‹ und ›denen da oben‹ hebt sich gewissermaßen auf. Das kommt dem progressiven Diskurszugriff entgegen, weil es einen solchen Diskurs – der mehr noch als andere Diskurstypen auf freiwillige Teilnahme in der Breite der Gesellschaft angewiesen ist – machbarer gestaltet. Die Ausrichtung auf Handlung und praktische Erprobung des Diskutierten ist stark ausgeprägt, und hierzu braucht es die Vertrauensbasis des starken Bandes zwischen Politik und Gesellschaft. Wie oben beschrieben gilt im Sinne des Pragmatismus, dass Ideen ihre Wertigkeit in der Anwendung bzw. den aus ihnen erwachsenden Konsequenzen nachweisen. Schon deshalb braucht es neben Vertrauen auch ein Mindestmaß an Autorität, das den Abgeordneten zugeschrieben wird. Nur so können sie eine moderierende Funktion im öffentlichen Diskurs einnehmen: als diejenigen, die Ideen nicht nur einbringen, sondern ihr Aushandeln vorantreiben und am Ende dafür sorgen können, dass aus diesen Ideen greifbare und verbindliche Politik für die Gesellschaft als Ganzes wird.

In Deutschland ist die Unterscheidung, faktisch die Trennung, von ›Diskurs-Denkern‹ auf der einen Seite und ›Machern‹, also Politikern, auf der anderen Seite noch viel präsenter als in den USA, wenn es auch Annäherungen gibt. Doch schon Wahlkampf, wie ihn Ende der 1960-Jahre Günter Grass für Willy Brandts SPD führte, wird heute kritischer beäugt als noch damals, von einer Parteimitgliedschaft ganz zu schweigen. Beide Seiten scheinen bei diesem Thema Berührungsängste entwickelt zu haben, die einst geringer schienen, und sich heute nur langsam abbauen lassen. Der grüne Wirtschafts- und Klimaschutzminister Robert Habeck fühlt sich genötigt zu erklären, er sei schon lange kein Schriftsteller mehr. Auch im Journalismus wird eine künstlerische Selbstverortung in der Regel nicht positiv konnotiert. Engagement für eine Sache oder die klare Positionierung in einer Kontroverse werden beinahe ausschließlich als Parteinahme gelesen, die es zu vermeiden gilt. Beide Faktoren schaden dem Innovationspotenzial, das durchaus aus dem offenen Umgang mit Präferenzen erwachsen kann.

Dasselbe gilt für die Universitäten, wo in Deutschland nicht zuletzt in den Sozialwissenschaften voller Hingabe der Mythos wissenschaftlicher Objektivität gepflegt wird, dabei spricht auch hier naturgemäß niemand als Neutrum. In den USA ist das akademische Feld zumindest diverser aufgestellt; immer wieder finden sich an den renommiertesten Hochschulen Vertreter einer klaren Anwaltschaft für eine bestimmte Politik, eine spezifische Gesellschaftsreform, ein Partikularinteresse: *advocacy* und hochkarätige Forschung schließen sich nicht automatisch aus.

Und schließlich findet sich dieses Prinzip eben auch in der Politik, und zwar – das ist der Kern des Arguments – nicht notwendigerweise durch parteipolitische Schranken begrenzt. Natürlich sind die Protagonisten der progressiven Debatte vor allem im Umfeld der Demokraten zu finden; doch gibt es besonders auf Einzelstaatsebene durchaus auch moderate Konservative (noch heute u. a. aus dem Lager der sogenannten ›Neokonservativen‹), die sich pragmatisch im Sinne funktionaler Lokal- oder Landespolitik für progressive Ideen erwärmen können. Und eben dafür, ›progressiv‹ als ›grenzüberschreitend‹ und damit zukunftsträchtig zu deuten: Ein Ansatz, der sich nicht an artifiziellen Grenzen zwischen ›Denkern‹ und ›Machern‹ aufhält, hat im 21. Jahrhundert viel Potenzial.

Damit ein solcher Spagat aufgeht, müssen diejenigen, die ihn versuchen, allerdings genau wissen, was sie tun. Amerikas junge Progressive agieren derart clever und einfallsreich, dass sie auch in verzwickten Situationen – bzw. solchen, die sich sehr schnell dazu entwickeln können – in aller Regel einen Ausweg auftun und die Situation gar für das eigene Anliegen nutzen. Man fühlt sich angesichts dieses Einfallsreichtums und Improvisationstalents an die Kultserie *MacGyver* erinnert (wo die Hauptfigur einmal aus einem alten Kühlschrank einen Heißluftballon bastelt). Als ein altes College-Video von AOC auftaucht, in dem diese auf dem Dach eines Hauses tanzt, wollen ihre Kritiker im Kongress und in den konservativen Medien sie als unseriös und eines politischen Amtes nicht würdig darstellen. Doch statt Schadensbegrenzung zu betreiben, filmt die junge Abgeordnete vor ihrem Büro im Kapitol ein neues Tanzvideo, das online schnell viral geht und ihr mehr Unterstützer einbringt als zuvor.

Der ›MacGyver-Faktor‹ findet sich auch bei der oben erwähnten Vereidigungsfeier von Rashida Tlaib, zu deren Anlass sie den damaligen Präsidenten Trump als »motherfucker« bezeichnet. Wer hier nur empört ist, übersieht, dass Tlaib mit ihrer Wortwahl eine Empfindung unter jungen Progressiven, und nicht zuletzt etwa unter jungen Muslimen und Schwarzen, aufgreift. Viele von ihnen denken genau so über Trump, der beständig Vorurteile über sie propagiert. Sie fühlen sich nun gesehen – und von Tlaib in ihrer Direktheit womöglich besser vertreten als von konventionelleren Politikern. Der ›MacGyver-Faktor‹ schließt auch die gute Informiertheit in vielen Dingen ein, die mit dem Bereich Social Media zusammenhängen – und zwar sowohl, was die Funktionslogik von Twitter angeht, als auch, wie sich etwa ein Netzwerk wie Facebook finanziert. So hätte wohl niemand aus dem *squad team* dem Facebook-Gründer Mark Zuckerberg die Frage gestellt, wie Facebook seinen Nutzern kostenlose Accounts anbieten kann; eine Frage, die einst der greise republikanische Senator Orrin Hatch gegenüber Zuckerberg vorbrachte.

Es gibt einen zweiten Vorteil, den es mit sich bringt, die Doppelrolle ›Denker/Macher‹ einzunehmen. Er ist nicht ganz so offensichtlich, aber nicht minder bedeutend. Indem sich die jungen Progressiven so taktisch klug im öffentlichen Diskurs positionieren wie oben erläutert, besetzen sie Themen und erlangen Aufmerksamkeit für ihre Anliegen. Das ist nicht zu unterschätzen, denn die öffentliche Aufmerksamkeit ist nun mal sehr begrenzt. Für Unterstützung, was die faktische Umsetzung von Ideen und Konzepten angeht, die durchaus ein Umdenken und auch gewisse Einschränkungen beim Einzelnen (etwa beim Thema Umweltschutz) erfordern, braucht es jedoch mehr: die Überzeugung bei Menschen, dass sie ›das Richtige‹ tun, wenn sie sich im progressiven Sinne in der Gesellschaft engagieren oder auch nur in ihrem Alltag von progressiven Ideen inspirieren lassen. Es geht also um eine moralisch-ethische Komponente. Progressive versuchen gezielt, unseren »universellen Sinn für das Richtige und das Falsche« anzusprechen, um eine Formulierung von Marc D. Hauser zu übernehmen, die dieser im Untertitel seines Buchs *Moral Minds* verwandt hat. Ein notorisch schwieriges Unterfangen, das nur gelingen kann, wenn diejenigen, die ein solches Verhalten für die Gesellschaft einfordern, sich auch selbst in dieser Hinsicht überprüfbar machen. In dem Moment, in dem Ideengeber auch Umsetzer dieser Ideen sind, sie also Denker und Macher sind, ist diese Überprüfbarkeit gegeben. Ihre Ideen lassen sich so viel schwerer einfach als Hirngespinste weltfremder Idealisten abtun. Die Überzeugungskraft, die aus moralischer Glaubwürdigkeit erwächst, kann Berge versetzen. Sie bringt, wie derzeit zu beobachten ist, in den USA auch politisch Lethargische und eigentlich für die Politik Verlorene aus der jungen Generation wieder in Bewegung – nicht zuletzt als Kontrapunkt zum politischen Extrem Donald Trump, das eben für viele genau für das Gegenteil, für Bereicherung, Machtgier, Skrupel- und Prinzipienlosigkeit stand und steht.

Dennoch birgt die doppelte Selbstverortung als Vordenker im Diskurs und Umsetzer ebenjener Diskursideen auch Risiken. Zunächst wissen diejenigen, denen eine Neugewichtung des öffentlichen Diskurses nach progressiven Leitlinien am Herzen liegt, sehr genau um die Knappheit der wichtigsten Güter: die Aufmerksamkeit und Zeit all jener, die für diesen Diskurs gewonnen oder gesichert werden wollen. Menschen »haben nicht die Zeit oder nicht die Energie, um dicke Wälzer über politische Theorie zu lesen und sich über jedes Gesetz [...] auf dem Laufenden zu halten«, sagt Ezra Klein in *Der tiefe Graben* (KLEIN 2020: 200). Sie suchen sich daher andere, die dies stellvertretend für sie übernehmen, eben die Intellektuellen, Akademiker und Politiker, die Richter, Journalisten und andere unseres Landes. Die Einstellung der meisten Menschen in westlichen Demokratien gegenüber dem öffentlichen Diskurs ist dieselbe. Während einige ihm offen kritisch gegenüberstehen, setzt die Mehrheit darauf, dass sich dieser Diskurs auch ohne ihr Zutun grob in die ›richtige‹, soll heißen: der eigenen Existenz dienliche Richtung entwickelt, oder zumindest das eigene Leben nicht übermäßig behindert. Dieser faktisch sehr große Bevölkerungsanteil, »halb Amerika«, wie mir Benjamin Barber im Gespräch reichlich ernüchtert schon vor anderthalb Jahrzehnten zu verstehen gab, »interessiert sich einfach für gar nichts« in Sachen Diskurs. Selbst anhand eines Meinungsartikels in der *USA Today*, der auflagenstärksten und sicherlich nicht anspruchsvollsten Zeitung der USA, sei diese Bevölkerungsgruppe nicht zu erreichen, so Barber.

Angesichts dieser Umstände sind die linksliberalen Leitstimmen im Diskurs versucht, es mit ihrer Anwaltschaft für progressive Themen zu übertreiben. Im Glauben, anders größtenteils überhaupt kein Gehör zu finden, wird der normative Anspruch im progressiven Weltbild allzu dogmatisch formuliert. Den wenigsten Menschen aber sagt es zu, ungefragt eine Predigt über die – noch so dringlichen – Probleme der Gesellschaft gehalten zu bekommen. Die Problemanalyse der Gegenwart seitens der jungen Progressiven trifft meist zu: Sämtliche politischen Institutionen weisen katastrophale Vertrauenswerte bei der Bevölkerung auf, die Polarisierung entlang politischer, religiöser und weltanschaulicher Linien nimmt beständig zu, das Management der Corona-Pandemie lässt schwer zu wünschen übrig, die Medien kommen ihrem Auftrag der Kontrolle der anderen drei Gewalten nicht ausreichend nach und so fort. Doch ist letztlich die Vermittlung der Analyse so wichtig wie ihr Inhalt. Und hier ziehen die meisten Adressierten eine Situationsbeschreibung, auf die Handlungsvorschläge folgen mögen, einem normativen Appell, der manchmal den Charakter einer Belehrung annimmt, vor. All zu plakative Agendapolitik kann sogar den gegenteiligen Effekt hervorrufen. Tragischerweise führt mancherorts die rhetorische Unterscheidung in ›Aufgeklärte‹ und solche, die angeblich die Tragweite und den Handlungsbedarf noch nicht begriffen haben, zu einem Politik- und Diskursverständnis unter Progressiven, das eigentlich der anderen Seite, also den Rechtskonservativen und Rechten, zugeschrieben wird. Letztere unterscheiden laut Daniel Ziblatt traditionell zwischen »›echten Amerikanern‹ und solchen, die mit den Liberalen und der Demokratischen Partei in Verbindung gebracht werden« (LEVITSKY/ZIBLATT 2018: 174).

Schließlich, auch dies ein Gegenteil dessen, was progressive Stimmen im Diskurs eigentlich bezwecken, kann ein allzu ideologischer Duktus Menschen auch deswegen abschrecken, weil er zu einem »überhitzten, überaggressiven, grandiosen« Politikverständnis gehört – so die Formulierung von Richard Hofstadter in seinem Essay *The Paranoid Style in American Politics* von 1964. Auch Hofstadter bezieht sich auf Konservative und Rechte, doch lassen sich ›paranoide‹ Elemente im öffentlichen Diskurs gerade im Verlauf des letzten Jahrzehnts auf allen Seiten beobachten. Dieser Tage verfallen Progressive in ihrer Rhetorik mitunter durchaus in den ›Chicago Style‹. Sean Connery hat dies im Filmklassiker *Die Unbestechlichen* als Streifenpolizist Jim Malone perfekt erläutert: »Ziehen sie ein Messer, ziehst du deinen Revolver…« Auf diese Art lässt sich, laut der Filmfigur Malone, Al Capone womöglich zur Strecke bringen. Doch im öffentlichen Diskurs kann eine übertrieben harsche Rhetorik, die stets zum Äußersten greift, abschreckende Wirkung auf Außenstehende haben.

Eine Gefahr ganz anderen Typs hingegen wird in der Regel durch die doppelte Selbstverortung als Denker und Macher entschärft, wenn auch nicht vollständig behoben. Links-progressiv zu sein, gilt in gewissen Kreisen als schick. Hierzu gehört etwa die Hollywood-Filmbranche. Nicht von ungefähr haben auch bestimmte Orte wie die Upper East Side in New York, der Bostoner Vorort Cambridge und das kalifornische Berkeley den Ruf, einem gewissen Lifestyle-Liberalismus zu frönen. Progressiv zu sein, muss man sich in den USA auch leisten können. Jemand, der zum Mindestlohn von 7,25 Dollar pro Stunde arbeitet, wird vermutlich am Kiosk keine neun Dollar für eine schmale *New Yorker* Ausgabe berappen, um sie anschließend bei einem 7-Dollar-Cappuccino durchzublättern. Anzutreffen ist diese, hier nur geringfügig überzeichnete, Variante des Privilegiertenprogressivismus neben anderen Großstädten an beiden US-Küsten auch in Berlin-Mitte, Hamburg-Harvestehude oder Zürich. Ihren Vertretern geht es häufig weniger um gesamtgesellschaftliche Veränderungen als vielmehr um das eigene Image, umweltbewusst, nachhaltig und gesund zu leben, und damit um das wohlige Gefühl,

›auf der richtigen Seite‹ zu stehen. Glücklicherweise sind diese finanzstarken Kreise häufig Spenden für die gute Sache gegenüber aufgeschlossen.

Ungleich größer, und stetig wachsend, ist in den USA die Zahl derjenigen, die sich von den jungen Wortführern im Progressivismus aus der Komfortzone holen und für ein echtes Engagement im öffentlichen Diskurs gewinnen lassen. Teils einfach deshalb, weil ihnen in aller Deutlichkeit klargemacht wird, dass sie für ihre Lethargie heute in Zukunft einen hohen Preis zu zahlen hätten. Teils, weil links-progressive Ideen insbesondere in den sozialen Medien in bestimmten Foren sehr präsent sind und anhand der Funktionslogik der Algorithmen den dortigen Nutzern fortwährend intensiver zugespielt werden. Hier verhält es sich wie in der Parabel von den faulen Papageien des Königs, die lange Zeit einfach nur auf ihrem Ast sitzen – und vom findigen Gärtner des Königs zum Fliegen gebracht werden, indem er den Ast ganz einfach absägt.

Viele der Millenials und aus der Generation X müssen jedoch gar nicht gezwungen werden, ihre Flügel auszubreiten. Sie sehen die Notwendigkeit ein, sich in den öffentlichen Diskurs einzubringen. Noch mehr haben Freude daran. Die Vereinigten Staaten von Amerika diskutieren mit einer Lust über sich selbst, die man hierzulande vergeblich sucht: Was macht Amerika aus, gestern, heute und in Zukunft? Was hält die Nation zusammen? Diese Fragen sind permanent präsent, und zwar im progressiven wie konservativen Lager, und natürlich auch lagerübergreifend bzw. im hitzigen Austausch zwischen den Lagern. Impulse von außerhalb der Landesgrenzen werden, wo nützlich, adaptiert und ›amerikanisiert‹, das galt für die Frankfurter Schule in den 1970er-Jahren wie heute für Debattenbeiträge etwa der nigerianischen Schriftstellerin Chimamanda Ngozi Adichie, die teilweise in den USA lebt. Diese stark ausgreifende, vitale und manchmal sehr kontroverse (und damit für Teilnehmende wie Beobachtende spannende) öffentliche Debatte berührt das Selbstverständnis der Nation: *Was heißt es, Amerikaner zu sein?*, um einen berühmten Essay von Michael Walzer zu zitieren, der weiter oben im Zusammenhang mit der Zivilgesellschaft bereits Erwähnung fand.

Die Virulenz der Debatte hängt damit zusammen, dass die USA selbst als ›gelebte Idee‹ geboren wurden. Bis heute hält das Land in seiner Diversität nur aufgrund sehr dünner Fäden zusammen. Dieses Zusammenhalts müssen sich die Menschen ständig versichern: daher der ausgeprägte Patriotismus, die auf uns überzogen wirkende Symbolik des Fahneneids und der Nationalhymne. Gleichzeitig zelebriert Amerika den Streit über die eigene Identität, inklusive des Nationalstolzes, der eben auch bei den Progressiven ausgeprägt (und längst nicht nur auf die Konservativen und Nationalkonservativen beschränkt) ist. Die immer noch allerorten anzutreffende Vorstellung von der Ausnahmestellung der Nation, des amerikanischen Exzeptionalismus, sorgt dafür, dass sich viel größere Bevölkerungsanteile als hierzulande von der Frage nach der nationalen Identität angesprochen und zur Mitsprache angeregt, gar verpflichtet fühlen.

Es wird faktisch ein rhetorischer Kampf um den ›besten‹ Patriotismus geführt, und zwar rechts wie links der Mitte und im politischen Zentrum gleichermaßen. In Deutschland hingegen müsste ›Patriotismus‹ links der Mitte erst noch definiert und in Anspruch genommen werden; die Progressiven hierzulande tun sich mit diesem Narrativ bis heute nicht leicht. Zu schwer lastet das Erbe des DDR-Sozialismus auf der Debatte. In den USA ist die Diskussion über den Charakter und die Werte der eigenen Nation unbeschwerter, zumindest in Teilen freier möglich, wenngleich die Altlasten der nationalen Geschichte ebenfalls beträchtlich sind. Hinzu kommt der nach wie vor gültige Anspruch, im eigenen Denken und Wirken Vorbild für die Welt, oder zumindest die westliche Hemisphäre zu sein. Dieses Selbstverständnis ist faktisch unter Joe Biden sogar wieder stärker in den Vordergrund gerückt als dies zu Trumps Zeiten der Fall war (»America will lead again«, so Biden gleich zu Beginn seiner Amtszeit).

In Summe ist die außerparlamentarische Öffentlichkeit in den USA vitaler und damit mit höherem Mobilisierungspotenzial ausgestattet als bei uns in Deutschland. Sie ist organisierter, thematisch fokussierter, zahlenmäßig stärker und besser vernetzt. Hieraus ergibt sich ihre Schlagkraft. Und hier liegt der Grund, warum sich außerparlamentarische und parlamentarische Akteure auf Augenhöhe begegnen können. Ihr gut abgestimmtes Agieren im öffentlichen Diskurs zeigt sich in der Wirkung, welche die Anti-Trump-Proteste ab 2016 im Hinblick auf die Wahlbeteiligung junger Menschen 2020 entfalten konnten. Und in der Wucht, welche die gut abgestimmte Interaktion von institutionellen und außerinstitutionellen Vertretern bei den March-on-Washington-Kundgebungen und vor allem im Rahmen der #MeToo-Bewegung aufbringen konnte. Diese Wucht hängt immer auch unmittelbar mit finanzieller Unterstützung zusammen. Hierfür sorgen, in ungleich höherem Maße als in Deutschland, Graswurzelstrukturen, vor allem aber auch wohl habende Einzelspender. Letztere kommen nicht zwingend selbst aus dem links-progressiven Lager; einige von ihnen verorten sich beispielsweise bei den Libertären und damit per se als sehr staatskritisch. Ihre Unterstützung für den progressiven Diskurs, der eben auch sehr prominent, wie aufgezeigt, von gewählten Abgeordneten vorangetrieben wird, verwundert zunächst. Ein Teil des Rätsels Lösung liegt im weiter oben angesprochenen Pragmatismus, der sich leichter tut als bei uns, die Mittel dem Zweck unterzuordnen. Zur Lösung gehört auch, dass man die eigene Finanzspritze als Beitrag zur Gestaltung und Neuausrichtung der Nation, weniger des Staates, begreift, ein wichtiger Unterschied (auf den in Kapitel acht nochmals Bezug genommen wird, wenn es um die Übertragbarkeit progressiver Diskursstrukturen auf Deutschland geht).

»Der Anspruch, überall potentiell zu existieren (,)
dieser Zwang wird zum magischen Bedürfnis.«
Jean Baudrillard

6. DER STÄRKERE GEWINNT...?
DER MEDIALE ÖFFENTLICHE DISKURS

In seinem Essay *Intellect* von 1841 fragt der US-amerikanische Philosoph Ralph Waldo Emerson: »What is the hardest task in the world?« Seine Antwort fällt kurz aus: »To think«. Emerson genießt in den USA Kultstatus, nicht zuletzt wegen Aphorismen wie diesem, die bis heute vielen Menschen aus der Seele sprechen. Seine bedeutendsten Schriften verfasste er zwischen den 1830er- und 1860er-Jahren, und damit in einer Zeit, in der sich die Rahmenbedingungen des Denkens grundsätzlich von den heutigen unterschieden. Zumindest, was Denken im öffentlichen Diskurs betrifft. Es ist schwer zu beurteilen, ob die Komplexität zu- oder abgenommen hat. Allerdings steht außer Frage, dass die Informationsbasis massiv gewachsen ist. Teil des multimedialen öffentlichen Diskurses zu sein, hieß in Emersons Zeit, verschiedene Zeitungen und Bücher zu lesen, zu verfassen und auch herauszugeben, außerdem in Literatursalons zu verkehren und sich regelmäßig auf der Bühne (rhetorisch) zu duellieren. Emerson beherrschte all dies meisterhaft, und er folgte dabei seinen eigenen Richtlinien, die er in einem seiner berühmtesten Texte, *Self-Reliance* (ebenfalls von 1841), niedergelegt hatte.

Über 180 Jahre später besteht für die allermeisten, die sich im öffentlichen Diskurs engagieren wollen, die wohl schwerste Aufgabe in etwas anderem: Sich immer wieder aufs Neue die passende Informationsbasis für das eigene Denken zu schaffen. Und zuvor, sich in der riesigen Masse verfügbarer Information überhaupt zu orientieren, diese zu filtern, um anschließend einen gut argumentierten Standpunkt einzunehmen – immerzu im Wissen, niemals alle Aspekte zu einer Frage überblicken zu können. Ein aktives Mitglied der Zivilgesellschaft zu sein, ein »engagierter Bürger« (2013: 1611), wie es Paul Mihailidis and Benjamin Thevenin in einem Beitrag für den *American Behavioral Scientist* 2013 formulieren, hat aufgrund der »allgegenwärtigen Medienlandschaft« (ebd.) einen völlig anderen Charakter angenommen. Schon deshalb sei »mediale Literarizität«, also ›Lesebewandtnis‹, eine »Kernkompetenz« (ebd.). Nur so könne man sich in der partizipatorischen Demokratie wirklich einbringen. Leichter gesagt als getan, denn unsere Gehirne sind nachweislich nicht dafür ausgelegt, die heutzutage online verfügbare Menge an Informationen und Rückmeldungen aufzunehmen und zu verarbeiten.

Kritische Medienkompetenz ist wichtiger denn je. Sie kann das Schlimmste verhindern, wie sie das Beste möglich machen kann, wenn sich die Generation Y ihren Platz im öffentlichen Diskurs sucht. Nicht minder bedeutsam ist *critical media literacy* für die Mitglieder der Generation X. Sie sind zwar schon länger als ihre Nachfolgergeneration in den digitalen Debattenforen unterwegs, haben dadurch aber nicht automatisch zu einem kritisch-distanzierten Umgang mit diesen Foren gefunden. Douglas Kellner und Jeff Share von der UCLA sehen kritische Medienkompetenz schon 2007 als »essenziell« an, um den »Anforderungen der partizipatorischen Demokratie im 21. Jahrhundert« nachkommen zu können (KELLNER/SHARE 2007: 59). Die beiden Autoren sprechen bereits damals von einem »Multimedia-Zeitalter«, in dem die »Mehrzahl an Informationen, die Menschen erhalten, weniger häufig aus gedruckten Quellen und immer öfter aus [...] mannigfachen medialen Formaten stammt« (ebd.).

Diese Aussagen sind aus einer Zeit, als Facebook erst drei Jahre und Twitter gerade einmal ein knappes Jahr online waren; Instagram, Snapchat, Telegram und viele mehr sollten erst später folgen. Die Nutzerzahlen waren mit heute ebenso wenig zu vergleichen wie das Tempo, die Quantität und Lautstärke der Informationsbeschallung. Wenn die Stanford Graduate School of Education daher 2016 in einer Studie feststellt, dass ihre Studierenden im Schnitt nicht in der Lage sind, glaubwürdige Online-Quellen zu identifizieren, Nachrichtenartikel von Werbetexten zu unterscheiden oder zu erkennen, woher Informationen stammen, muss das sorgenvoll stimmen. Entsprechend betont etwa Susan Luft die Notwendigkeit für Lehrer, ihren Schülern schon während der Schulzeit, also vor Beginn des Studiums, kritische Medienkompetenz zu vermitteln. Diese unterscheidet sich qualitativ von der Kompetenz, eine Social-Media-Plattform in all ihren Funktionen nutzen zu können oder weiteres Equipment in diesem Zusammenhang wie VR-Brillen zu beherrschen. Luft zielt darauf ab, junge Menschen schon früh zu »prosumers« (LUFT 2016) zu machen, eine Wortschöpfung, die Produzenten und Konsumenten digitaler Medien zusammenführt. Damit gehe ein höheres Bewusstsein für ethische Aspekte und Verantwortlichkeiten im Umgang mit diesen digitalen Medien einher.

Gelingt es, den jungen Teilnehmenden am öffentlichen Diskurs früh kritische Medienkompetenz zu vermitteln, stehen die Chancen besser, dass sich ihre Informiertheit erhöht. Damit steigt automatisch die Diskursqualität insgesamt. Die Parallele zwischen einem argumentativen Austausch, der zwischen gut informierten Parteien in gleich welchem Online-Forum stattfindet, und dem übergreifenden Meinungsbildungsprozess, der aus einer formalen Demokratie erst eine gelebte Demokratiegemeinschaft macht, ist offensichtlich.

Jedoch bemisst sich kritische Medienkompetenz nicht nur in Schadensbegrenzung. Ebenso sehr eröffnet sie Chancen. Kellner und Share halten zu Recht fest, dass digitale Technologien, die dafür sorgen können, dass sich »Politik in ein Medienspektakel und eine Bilderschlacht« verwandelt, mit Vorsicht zu genießen sind. Allzu leicht werden »Zuschauer zu passiven Konsumenten« degradiert (KELLNER/SHARE 2007: 62). Andererseits können dieselben digitalen Technologien unserer Zeit durchaus »die demokratische Debatte beleben« und damit auch die Teilnahme daran attraktiver machen (ebd.). Unbestreitbar sind die Verstärkereffekte spektakulär. Vor dem Zeitalter der digitalen Medien war es unvorstellbar, auf eine knappe Meinungsäußerung von wenigen Dutzend Zeichen innerhalb von Sekunden hundertfache Reaktionen aus aller Welt einzuholen. Auch die Vorstellung, sich aus der deutschen Provinz live zwischen die Demonstrierenden der George-Floyd-Proteste in den USA zu schalten – und die Geschehnisse in Echtzeit mit anderen Beobachtern in Südafrika oder Japan zu diskutieren –, klang nach Science-Fiction.

Das Spielfeld des öffentlichen Diskurses hat sich im Verlauf der letzten anderthalb Jahrzehnte in einer Geschwindigkeit und Intensität um die digitale Dimension erweitert, die zuvor beinahe unvorstellbar war, doch bestand das Spielfeld natürlich schon zuvor. Und zwar keineswegs in Form einer beständig in rationalen Bahnen verlaufenden Debatte. Vielmehr traf mit Facebook, Twitter und Co. der potenzierende Effekt der Social-Media-Foren ungebremst auf eine ohnehin bereits stark ideologisch aufgeladene Diskurslandschaft verschiedener Lager. Die Folgen sind nicht erst seit Trumps Amerika, jedoch insbesondere über die letzten fünf bis sieben Jahre hinweg zu besichtigen. Bekanntermaßen birgt eine polarisierte Medienwelt – analog wie digital – das Risiko, dass Menschen nur noch das konsumieren, was ihre Sicht der Welt bestätigt. Im Umkehrschluss trägt die ideologische Verhärtung der Medienkonsumenten dazu bei, dass sich die Medienwelt weiter polarisiert, anders können ihre Produzenten nicht auf Publikum hoffen. Wir alle informieren uns über mediale Quellen, um uns in der komplexen Gesellschaft des 21. Jahrhunderts zurechtzufinden; ohne deren Vorsortierung ist kein Überblick mehr möglich. Der Einfluss auf den Charakter und die ›Farbe‹ des öffentlichen Diskurses ist offensichtlich und wird in anderen Beiträgen zur vorliegenden Schriftenreihe exzellent erläutert.

Ich möchte an dieser Stelle auf einen anderen Punkt hinaus. Die Gefahren eines polarisierten öffentlichen Diskurses sind keinesfalls zu unterschätzen, und faktisch in allen westlichen Demokratien sehr real. Jedoch wird dabei häufig übersehen, welches Potenzial ein solcher Diskurs gleichzeitig in sich trägt. Gerade der intellektuelle Wettbewerb mit denen, die politisch und weltanschaulich komplett anders ticken, bringt oftmals neue und originelle Ideen hervor. Im Wissen, dass sämtliche dieser Ideen garantiert einer harten Prüfung durch die Gegenseite unterzogen werden, werden diese häufig im eigenen Lager von allen Seiten durchleuchtet, in der Hoffnung, sie ›feuerfest‹ für den öffentlichen Diskurs zu machen. In den USA lässt sich dies mit Blick auf analoge wie digitale Medienformate beobachten. Unterm Strich verläuft die öffentliche Debatte dort kontroverser als bei uns. Aber eben auch vitaler. Natürlich steigt das Risiko der Eskalation bei übermäßiger Kontroverse. Allzu oft passieren Grenzüberschreitungen, in der Regel nach unten. Es ist schwer, Michelle Obamas Motto »When they go low, we go high« wirklich konsequent zu befolgen, und umso bemerkenswerter, dass ihr und ihrem Ehemann dies oft gelungen ist. Meist haben Gesellschaften hingegen die Tendenz, »Devianzen nach unten zu bestimmen« (LEVITSKY/ZIBLATT 2018: 201), wie es der demokratische Senator Daniel Patrick Moynihan einst formulierte, soll heißen: Wird in einem Diskurs das Niveau permanent unterschritten, setzt ein Gewöhnungseffekt ein. Nach und nach wird normal, was zuvor inakzeptabel gewesen wäre.

Eine weitere, ebenso wichtige Dynamik im öffentlichen Diskurs brachte der Boxer Mike Tyson unnachahmlich auf den Punkt.

Naturgemäß bezog er sich aufs Boxen, als er sagte: »Everyone has a plan – 'til they get punched in the mouth«. Doch hat der moderne Diskurs, zwischen Reaktionären, Konservativen, Moderaten, Progressiven und Linken wie innerhalb aller Fraktionen, durchaus Ringkampf-Qualitäten. Sobald die erste, zudem noch unerwartete Beleidigung, persönliche Anschuldigung oder Unterstellung ausgesprochen ist, ändern sich die Diskursbedingungen schlagartig. Das Thema der Auseinandersetzung rückt in den Hintergrund oder wird ganz verdrängt. Womöglich zuvor getroffene gute Vorsätze und der mühsam entworfene ›Diskursplan‹ gehen über Bord. Ab hier droht sich die Spirale verbaler Verrohung in Gang zu setzen; eine Spirale, die unweigerlich die demokratischen Ideale zermürbt: den diskursiven Austausch, die Kraft des rationalen Arguments und überhaupt die Offenheit für eine andere Sichtweise.

Solcherlei Entwicklungen sind nicht auf ein bestimmtes Medium beschränkt. Sie lassen sich auf Facebook ebenso wie in den Kommentarspalten der *New York Times*, auf Twitter ebenso wie bei FOX NEWS beobachten. Wer ein Abo der *Washington Post* hat, liest in aller Regel nicht den *Drudge Report* oder *Breitbart*; Fans von Laura Ingraham können wenig mit MSNBC oder VOX (an dessen Gründung Ezra Klein beteiligt war) anfangen. Alle hier genannten Outlets sind privat finanziert, wie überhaupt die US-Medienlandschaft zu größten Teilen privatwirtschaftlich organisiert ist. Was in Deutschland gerne als kategorischer Nachteil gegenüber staatlich, sprich über Steuergelder finanzierten Medien dargestellt wird, bietet auch Vorteile. An erster Stelle: Innovationspotenzial. Eben weil Medienanbieter in den USA strengen Marktmechanismen im Kampf um die Aufmerksamkeit des Publikums unterworfen sind, besteht ein existenzieller Anreiz, das eigene Angebot qualitativ hochwertig und gut positioniert zu präsentieren. Das gilt auch für FOX NEWS, hierzulande oftmals als Paradebeispiel populistischer Marktschreierei angeführt. Dies mag teilweise stimmen, was Inhalte betrifft; medial-technisch und in

Bezug auf den Publikumszuschnitt sowie die Performance der Moderatoren ist der Sender exzellent. NBC wusste, warum man bei erstbester Gelegenheit das weibliche Gesicht von FOX NEWS, Megyn Kelly, abwarb; später standen Kelly auch beim Broadcasting-Giganten Sirius XM alle Türen offen.

Wer auf dem privaten Medienmarkt bestehen will, ist gezwungen, sich an der Gegenseite zu reiben, um das eigene Profil zu schärfen. Schon, weil die Sicherheit der öffentlich-rechtlich finanzierten Medienwelt wegfällt. Verkrustete Strukturen und die Bräsigkeit umfangreicher Verwaltungen mit Dauerstellenbesetzung sind dann kaum vorstellbar. Der selbstzufriedene Rückzug auf bewährte, aber nicht mehr unbedingt zeitgemäße Sendeformate ist kein Erfolgsrezept. Während das *Traumschiff* nach wie vor durch das deutsche Abendfernsehen schippert, entwickelte FOX bereits Ende der 1980er-Jahre *21 Jump Street*, *Beverly Hills, 90210* und *Die Simpsons*, die alle weltweit bei der Jugend Erfolge feiern sollten. Nicht nur auf dem Feld der Unterhaltung ist der Reformbedarf der öffentlich-rechtlichen Medien in Deutschland unübersehbar. Wollen sie in ihrer Bedeutung als Plattform für den öffentlichen Diskurs gesamtgesellschaftlicher Themen nicht weiter an Bedeutung verlieren, gilt es, sich neu aufzustellen: Debattenformate, Themenfindung und Moderation müssen auf den Prüfstand. Es geht hier nicht um die Abschaffung der Finanzierung öffentlich-rechtlicher Sender oder gar einiger Sender selbst (wie der dritten Programme im Fernsehen). Sondern um eine Neubewertung und abermalige Ausbalancierung, was das Verhältnis von öffentlich-rechtlichen und privaten Medien betrifft. In Summe würde die deutsche Medienlandschaft von einer stärkeren Ausrichtung entlang nicht-staatlicher Strukturen, als dies bisher der Fall ist, profitieren.

Fragt man wie Annika Sehl in einem anderen Band dieser *Schriften zur Rettung des öffentlichen Diskurses*, ob der öffentlich-rechtliche Rundfunk »überholt oder wichtiger denn je« (SEHL 2020: 303) sei, fällt die Antwort meines Erachtens nicht so klar zugunsten des Letzteren aus, wie es die Autorin des Beitrags vermittelt. Zurecht wird angeführt, dass die ÖR den Auftrag haben, ein Programm für alle Bevölkerungsgruppen zusammenzustellen, also Jüngere und Ältere, Menschen mit und ohne Migrationsgeschichte, Menschen unterschiedlicher Bildungsniveaus und mit unterschiedlichen sexuellen Präferenzen, religiösen Überzeugungen und so weiter. Genau diesem Auftrag kommen die ÖR aber seit geraumer Zeit nur ungenügend nach, und explizit nicht nur, was die Samstagabendunterhaltung angeht. Die Spannung zwischen dem Auftrag, potenziell alle zu erreichen und einer zunehmend polarisierten Gesellschaft, die sich in Lager aufteilt und online ihr eigenes Medienprogramm zusammenstellt, liegt auf der Hand. Doch genau hier beginnt die Verantwortung öffentlicher Medien, die sich über Steuergelder ihres Publikums finanzieren: Sich eben nicht auf das Bekannte zurückziehen, sondern neues Territorium erschließen oder altes zurückerobern, muss die Losung sein. Sehl hat Recht, wenn sie sagt, dass »die Aufgabe öffentlich-rechtlicher Medien gerade vor diesem Hintergrund bei gleichzeitiger Fragmentierung im digitalen Medienumfeld wichtiger denn je« ist (ebd.: 304). Allerdings sollten wir nicht davon ausgehen, dass private Medien dieser Aufgabe nicht ebenso gut nachkommen können. Oder, und das wiegt schwerer, dass die öffentlich-rechtlichen Medien nicht längst selbst Teil der fragmentierten Medienlandschaft und damit Öffentlichkeit sind (zumindest, was ihre Wahrnehmung bei bestimmten Bevölkerungsgruppen betrifft). Hinzu kommt, dass viele Menschen die Positionierung der ÖR in der digitalen Medienlandschaft hauptsächlich mit deren Mediatheken verbinden, weniger mit wirklich innovativen Formaten wie interaktiven Debattenforen oder auch nur besonders aktiven Twitter-Accounts.

Ein Blick über den Tellerrand, sprich über den Atlantischen Ozean, würde bei der Problemdiagnose wie so oft nützen. Leider beschränkt sich in der deutschen Debatte der internationale Vergleich häufig auf das Thema Rundfunkgebühren. Hilfreicher wäre hier, sich bewusst zu machen, auf welchem Niveau etwa der US-Nachrichtensender CNN agiert: privat finanziert, seriös organisiert – und nicht von ungefähr Hauptbezugsquelle für einen nicht unerheblichen Teil deutscher Berichterstattung zum globalen Geschehen, und zwar auch für die Öffentlich-Rechtlichen. Ein solcher Abgleich kann auch davor bewahren, eine allzu direkte Linie zwischen der Tatsache, dass es in den USA keine ÖR in vergleichbarem Sinne gibt, und der Tatsache einer gespaltenen US-Gesellschaft zu ziehen. Beide Punkte sind zutreffend; die konstatierte Verbindung nicht unbedingt. Sie lässt unter anderem außer Acht, dass diskursive Streitkultur höchst effektiv in anderen, privat organisierten Strukturen gelebt werden kann, etwa den zahlreichen Stiftungen, Denkfabriken oder Radiosendern (welche in konservativer wie progressiver Ausrichtung anzutreffen sind). Stark verkürzt erscheint daher auch das Argument, aufgrund der spezifischen Beschaffenheit der US-Medienlandschaft würden in einer gespaltenen Gesellschaft nach tragischen Ereignissen wie dem Tod von George Floyd »schwerste Unruhen auf der Straße ausgetragen« (SEHL 2020: 314).

Deutlich näher an den Kern des Problems in den westlichen Demokratien unserer Zeit rührt Stephan Russ-Mohl in seinem bereits zuvor erwähnten Buch *Die informierte Gesellschaft und ihre Feinde*. Er hält fest, dass generell »der Abstand zwischen Normalbürgern und Journalisten größer geworden ist« (RUSS-MOHL 2017: 125). Daran habe nicht zuletzt die soziale Herkunft und das Bildungsniveau der Medienschaffenden einen Anteil, in jedem Fall verenge sich der »Wahrnehmungshorizont« bei der journalistischen Garde (ebd.: 126). Das eingeschränkte Sichtfeld geht dabei nicht mit Demut und dem Wunsch, den Horizont zu verbreitern, einher, sondern führt laut Russ-Mohl im Gegenteil zu verbreiteter »Elitenarroganz« (ebd.: 125) und »Elitismus« (ebd.: 126). So würde oft verkannt, dass etwa in den USA »offenbar viele Menschen völlig anders [ticken], als sich das Journalisten und Digitalpioniere in New York oder im Silicon Valley sowie in Berlin, London oder Paris vorzustellen vermögen« (ebd.: 128).

Das ist sicher zutreffend, erfasst jedoch mit Blick auf die journalistische Zunft in den vergangenen zwei bis drei Jahren nicht mehr das ganze Bild. Die demonstrative Überheblichkeit manch professioneller Medienschaffender gegenüber dem journalistischen Laientum vieler Twitterati erscheint als die letzte Bastion, auf die man sich noch zurückzuziehen vermag. Faktisch ist es den journalistischen Profis unserer Zeit bis auf wenige Ausnahmen, die kurz vor dem Renteneintritt stehen und auf ihre jahrzehntelang aufgebaute Reputation bauen können, nicht mehr möglich, vollkommen autark von den Social-Media-Plattformen zu agieren. Mehr noch: Eine zunehmende Anzahl an journalistischen Texten nimmt ihren Ausgangspunkt überhaupt erst von einem bestimmten Tweet oder Facebook-Posting. Man lässt sich allzu gerne inspirieren, anstatt selbst zu recherchieren. Zwischen den Zeilen des Textes ist deutlich die Hoffnung des Verfassers herauszulesen, mit dem eigenen Stuck auf der Aufmerksamkeitswelle mitschwimmen zu können, die der ursprüngliche Tweet ausgelöst hatte.

In einer anderen Umlaufbahn, was den Einfluss auf das Geschehen, sprich: den öffentlichen Diskurs unserer Zeit, angeht, agieren die von Russ-Mohl erwähnten »Digitalpioniere«. Insbesondere jene aus dem Silicon Valley, die im Unterschied zu ihren Pendants in Berlin oder Paris tatsächlich global die Spielregeln des Diskurses entscheidend mitgestalten können – und genau dies seit anderthalb Jahrzehnten tun. Ihr Elitismus ist sogar noch augenscheinlicher: Man trägt Schlabberpullis und Jeans von H&M und kann sich sicher sein, dass alle Welt um den eigenen ungeheuren Reichtum weiß. Mark Zuckerberg ist 38 Jahre alt, laut *Forbes* 78 Milliarden Dollar schwer und damit der siebtreichste Mensch der Welt. Dem Club der Tech-Milliardäre gehören auch Jack Dorsey (Twitter), Jeff Bezos (Amazon), Larry Page (Google), Bill Gates und andere mehr an. Alle leben finanziell in anderen Sphären, können sich aber, um das Vorherige aufzugreifen, recht gut vorstellen, wie viele Menschen ›da draußen‹ ticken, denn darauf fußt ihr schwindelerregend erfolgreiches Business. Silicon Valley hat entscheidenden Anteil daran, dass die kalifornische Wirtschaft mit einem BIP von 2,5 Billionen Dollar die sechststärkste der Welt ist, noch stärker sind nur die USA als Ganzes, China, Japan, Deutschland und Großbritannien.

Digitalwirtschaft hat dabei nur mehr wenig mit älteren Industriezweigen gemein: Es geht nicht mehr um die Spezialisierung auf ein einzelnes Produkt wie Autoreifen oder Transistoren. Und nicht einmal mehr darum, ein Massenprodukt besser herzustellen als die Konkurrenz (die hierzulande z. B. auf dem Fernsehmarkt einst zwischen Telefunken und Loewe bestand). Oberstes Ziel ist es, das gesamte Informationsnetz, das dem öffentlichen Informations- und Meinungsbildungsprozess zugrunde liegt, über die eigenen digitalen Kommunikationswege abzudecken. Dieser Anspruch ist nicht nur elitär, er ist im Wortsinn totalitär. Was die Geschäftsbilanzen etwa bei Meta angeht, ist der Anspruch zudem leider realistisch. Rein rechnerisch besitzt mehr als jeder dritte Mensch einen Facebook-Account (das Unternehmen Facebook firmiert seit Oktober 2021 unter dem Namen Meta).

Die schiere Reichweite und Allgegenwart der sozialen Medien verleitet dazu, sie als Referenzpunkt für alle und alles anzusehen. Social Media sind im Privat- wie Berufsleben präsent, wir konsultieren sie zur Information, zur Kommunikation, zur Steuerung von Kooperationsprozessen aller Art. Wir lassen uns von ihnen zu Geschäfts- und Geschenkideen inspirieren, niemand muss alleine bleiben: Es gibt die Facebook-Gruppe der Menschen, die sich David Hasselhoff als Vater wünschen, und die derjenigen, die gerne durch raschelndes Laub laufen, und alles Erdenkliche dazwischen. Das ist je nach Ansicht schauerlich oder amüsant, doch gefährlich wird es in einem anderen Fall: Wenn Menschen ein gewinnorientiertes Unternehmen wie etwa Facebook (Meta) oder YouTube als seriöse Nachrichtenquelle verstehen. Laut einer Pew-Research-Umfrage vom Mai 2019 ist dies mittlerweile bei 43 Prozent der Amerikaner der Fall, was Facebook betrifft. Gleichzeitig gibt bereits ein Jahr zuvor mehr als die Hälfte an, nicht zu verstehen, warum bestimmte Posts in ihrem Newsfeed auftauchen, andere hingegen nicht. Allerdings haben satte 63 Prozent damit überhaupt kein Problem. Dreiviertel aller Facebook-Nutzer sind sich nicht bewusst, dass das Unternehmen eine Liste über ihre Interessen und Charaktereigenschaften führt. Doch selbst unter denjenigen, die darüber im Rahmen der Umfrage ins Bild gesetzt werden, sieht nur etwa die Hälfte einen Anlass, ihr Nutzerverhalten zu ändern. Zum Vergleich: Wir gehen aufs Landratsamt, um Baugenehmigungen einzuholen, Liegenschaften zu klären oder Auskünfte zum Gesundheitsschutz in der Coronakrise zu erhalten. Die Vorstellung, hierfür auf einen privaten Anbieter umzusteigen, der ganz gezielt bestimmte Information lanciert und andere zurückstellt, der unsere Anfrage analysiert und abspeichert, um uns dann mit gezielter Werbung aufs Korn zu nehmen, je nachdem, welches Unternehmen ihm für diese Daten die höchste Summe zahlt, erscheint uns absurd. Genau dies aber akzeptieren wir, wenn wir Facebook wie eine öffentlich-rechtliche oder seriöse private Einrichtung des Rundfunkwesens begreifen.

Damit ist die Grenze zwischen Diskursplattform, auf der sich Diskurs abspielt, und dem eigentlichen Diskurs bis auf Weiteres aufgehoben. Instinktiv ist man versucht, diese Aufhebung oder zumindest Verwischung der Grenze kritisch zu sehen. Und fraglos sind die Risiken und bereits existenten Nebenwirkungen enorm und keineswegs zu verharmlosen, wie oben angeführt. Dennoch darf man fragen, ob eine offensive Auseinandersetzung mit den sozialen Medien und den von ihnen geformten Diskursdynamiken letztlich nicht einer passiv-resignativen Haltung angesichts der Entwicklungen vorzuziehen ist. Anders, und zugespitzt, gefragt: Ist es wirklich sinnvoll, gar eine Totalverweigerung digitaler Diskursplattformen anzustreben, wie dies mittlerweile von einer (kleinen) Minderheit öffentlicher Stimmen gefordert wird? In einer Welt, deren junge Generation zu *digital natives* heranwächst? Wenn in den 2010er-, 2020er- und 2030er-Jahren hunderte Millionen junger Menschen weltweit digitale Plattformen als selbstverständlich ihrem Leben zugehörig begreifen, kann es nur mehr um kritische Medienkompetenz gehen. Für die einen ist das nicht mehr als Schadensbegrenzung, für die anderen schlicht die notwendige Voraussetzung, am öffentlichen Diskurs des 21. Jahrhunderts teilnehmen zu können.

Wie also sich zur neuen Macht der sozialen Medien positionieren? Wie oben skizziert, ist dies eine gerade für die junge Generation notwendige, doch (noch) nicht unbedingt überall im Nutzer-Bewusstsein verankerte Frage. Für die traditionellen Medien hingegen ist die Frage nach der Macht der sozialen Medien nicht nur notwendig. Sie ist überlebensnotwendig. Allen voran die großen Tageszeitungen hatten lange Zeit das Monopol der Autorität in Sachen Berichterstattung inne. Ihre Leserschaft brachte den Print-Schlachtschiffen, in den USA die *New York Times* und die *Washington Post*, in Deutschland sind in erster Linie die *Süddeutsche Zeitung* und die *Frankfurter Allgemeine Zeitung* zu nennen, ein grundlegendes Vertrauen entgegen – und sei es nur mangels Alternativen: Die allgemein anerkannte Erwartungshaltung war, dass man es als Konsument in diesen Blättern mit ausgewogener, gut recherchierter und umfassender Informationsversorgung zu tun hatte, und zwar stets auf der Höhe der Zeit. Sämtliche dieser Annahmen auf Vertrauensbasis haben in den letzten Jahren schwer gelitten. Und so hat sich die Frage nach dem Einfluss der sozialen Medien auf die dominanten Diskursdynamiken, also eine Frage der Konkurrenz aus Sicht der traditionellen Medien, zu einer schieren Überlebensfrage zugespitzt: Wie den eigenen Kopf über Wasser halten?

Für die großen Zeitungen, im Folgenden sei exemplarisch für die US-Medienlandschaft die *New York Times* herausgegriffen, ist dies also weit mehr als ein Imageproblem. Es geht nicht mehr länger ›nur‹ darum, dass jungen Menschen Instagram nun mal als cooler gilt als die *Gray Lady*. Sondern dass Instagram, Reddit, Medium und Co. sowohl zunehmend als gleichwertige Informationsplattformen eingestuft werden als auch ein Tempo der Informationsversorgung für die öffentliche Debatte vorlegen, mit dem Printzeitungen faktisch nicht konkurrieren können. Nicht zuletzt dadurch werden die digitalen Plattformen zu Impulsgebern und bei bestimmten Themen auch zu den Taktgebern der öffentlichen Debatte. Man musste in den letzten Jahren den Eindruck bekommen, Zeuge einer Wachablösung auf Kosten ehrwürdiger Blätter wie der *New York Times* zu werden, Institutionen des Print-Journalismus, die sich ihrer Rolle im Diskurs womöglich zu sicher gewesen waren.

Wenn man jedoch genauer hinsieht, mangelt es weder in der Redaktion noch bei den Herausgebern an der richtigen Einstellung. Allerdings rettet sich selbst der mächtige *Times*-Chefredakteur Dean Baquet im Gespräch mit dem *New Yorker* im Februar 2022 bei diesem Thema in eine Trotzhaltung, die unterschwellige Verzweiflung verdecken soll. Angesprochen auf Twitter und die Tatsache, dass auf dieser Plattform geäußerte Kritik so manchen Redakteur der *Times* seine Texte überdenken lässt, während man sich gleichzeitig unverhohlen auf selbiger Plattform nach thematischer Inspiration umsieht, sagt Baquet, dass seine Zeitung unverändert unabhängig und selbstbewusst vorgehe, »und wenn Twitter das nicht gefällt, dann kann Twitter dahin gehen, wo der Pfeffer wächst« (*New Yorker*, 18.2.2022). Das ist so kämpferisch gemeint, wie es klingt, aber noch keine inhaltlich gewichtige Antwort auf die anstehende Herausforderung. Dennoch kann sich ein Riese wie die *Times* eine solche Attitüde wohl eine Zeit lang leisten, im Wissen, dass in Krisenzeiten die Leserschaft etablierter Leitmedien verlässlich ansteigt. Ganz anders stellt sich die Lage für kleinere Zeitungen dar, die ständig am Existenzlimit arbeiten und weder finanziell noch personell ihr Portfolio erweitern können. Denn die sozialen Medien sind nicht nur omnipräsent; ihre Meinungsführer agieren zudem extrem agil und können sich auf jegliche neue Nachrichtenlage schnell einstellen. Von dieser dreifachen Herausforderung sind die Redaktionen lokaler Blätter im amerikanischen Herzland oder in den Kleinstädten Neuenglands, die oftmals aus einer Handvoll Mitarbeiter bestehen, schlicht überfordert. Der *Columbia Journalism Review* merkt Mitte Februar 2022 ernüchtert an, dass die Lokalzeitungen praktisch vor dem Kollaps stünden. Lokale Facebook-Gruppen hätten ihnen den Rang abgelaufen; Nextdoor erreiche mittlerweile etwa 53 Millionen Amerikaner, doppelt so viele wie nur vier Jahre zuvor. Allerdings längst nicht nur in Sachen gesicherter Nachrichtenmeldungen, sondern auch mit jeder Menge Fake News zur Pandemie, QAnon-Verschwörungsmythen und gefährlichen Halbwahrheiten zur Weltlage.

Ironischerweise schließt sich an dieser Stelle ein Kreis, denn Unterstützung in ihrer verzweifelten Lage erhalten die kleinen Lokalblätter ausgerechnet aus der Metropole New York und von der großen Traditionszeitung, welche die Stadt im Namen trägt. Laut einem Deutschlandfunk-Beitrag vom November 2020 befindet sich die *New York Times* mittlerweile auf einem »digitalen Erfolgskurs«, man stelle sehr erfolgreich die eigenen Inhalte auf digitale Formate um. Während die DLF-Einschätzung übermäßig optimistisch erscheint, bildet sie zutreffend die Tatsache ab, dass die *Times* 2020 »erstmalig im Internet mehr Geld verdient als mit der Printausgabe«. Wichtiger aus Sicht der kleinen Zeitungen ist, dass digitale Inhalte der *Times* für sie nun leichter zugänglich und besser und vor allem schneller zweit-verwertbar sind, eine effektive neue Waffe im Kampf gegen die eigene Bedeutungslosigkeit. In erster Linie jedoch ist eine tragfähige Digitalstrategie für die *New York Times* selbst eine gute Nachricht. Das Traditionshaus hat mittlerweile seine digitale Sparte nachhaltig etabliert, insbesondere angesichts der Tatsache, dass die Initiative hierzu bis vor Kurzem eher stiefmütterlich behandelt wurde und es sich bei der strategischen Neugewichtung ehrlicherweise mehr um eine aus der Not geborene Reaktion als um einen intrinsisch motivierten Vorstoß gehandelt hatte. Aushängeschild ist mittlerweile der selbst produzierte Podcast *The Daily* mit Michael Barbaro, in dem aktuelle innen- wie außenpolitische Geschehnisse mit wechselnden Gästen diskutiert werden. Laut Unternehmensaussagen erreicht *The Daily* weltweit und in den USA in Summe bis zu zehn Millionen Hörer im Monat, darunter überproportional viele jüngere und weibliche Interessierte.

Fraglos bleibt die Konkurrenzsituation mit den großen Plattformen der sozialen Medien für die *Times* trotz jüngerer digitaler Vorstöße bestehen; man kann argumentieren, dass sich die Zeitung sogar angreifbar macht, indem sie sich auf neues Territorium begibt, auf dem sich andere besser auskennen, während traditionelle Stärken, die man der jungen digitalen Konkurrenz voraus hat, Gefahr laufen, in den Hintergrund zu treten. Doch hat die *Times* am Ende keine Wahl; für ein relevantes Nachrichtenmedium unserer Zeit führt kein Weg am Internet vorbei. Während so erhebliche Mittel in den Ausbau des digitalen Profils fließen und über einen absehbar langen Zeitraum große Kapazitäten gebunden sind, hat die große Zeitung noch ein zweites, nicht minder gravierendes Problem. Es ist gänzlich anderer Natur, tritt jedoch fatalerweise gleichzeitig auf. Und es wiegt mindestens so schwer, weil es die Glaubwürdigkeit berührt: der anschwellende Vorwurf einseitiger Berichterstattung, genauer gesagt eines flächendeckenden Linksdralls in sämtlichen Texten und vor allem den Meinungsstücken auf der op-ed-Seite der *Times*. Kritik an der journalistischen Ausgewogenheit der Zeitung ist gefährlich, weil Reputation im Journalismus alles ist, einer Branche, in der nicht einmal die Berufsbezeichnung ›Journalist‹ rechtlich geschützt ist. Es geht in diesem Fall also nicht, wie oben skizziert, um ein Problem, das um die Frage der strategischen Aufstellung, somit der eigenen Positionierung im Markt kreist. Sondern um ein Problem der strategischen Ausrichtung nach inhaltlichen Gesichtspunkten, die womöglich politische Sympathien spiegelt.

Wie ernst dieses Problem bzw. die Vorwürfe Außenstehender diesbezüglich sind, lässt sich schon an den inner-redaktionellen Turbulenzen der *Times* ablesen. Das legendäre New Yorker Schlachtschiff ist in den vergangenen sieben Jahren, seit Trumps Kandidatur Mitte 2015 und dessen gesamte Amtszeit über, schwer ins Schlingern geraten. Bis zum heutigen Tag ist man nicht wieder vollständig auf Kurs (kein gutes Omen angesichts einer möglichen erneuten Kandidatur Trumps 2024). Daran sind die Schiffskapitäne nicht ganz unschuldig. Die ausgestellte Linksliberalität der *Times*, nicht ganz so ausgeprägt auch bei der *Washington Post* anzutreffen, erwies sich während der Trump-Jahre als lukratives Geschäftsmodell. Wie die Schweizer *Medienwoche* richtig schreibt, besteht zwischen dem republikanischen Präsidenten und den linksliberalen Medien »während seiner Amtszeit eine seltsame Symbiose«. Denn obwohl »der Präsident Medien, die ihm nicht genehm waren, pauschal als ›Fake News Media‹ verunglimpfte, haben diese in enormem Masse (sic) profitiert«, ihre Auflagen, Quoten und Digitalabos gesteigert, die Werbeeinnahmen sprunghaft erhöht: der sogenannte ›Trump Bump‹, welcher mit Blick auf den nächsten Wahlkampf ab Mitte 2023 journalistische Begehrlichkeiten weckt, ganz gleich, wie man zu Trump politisch stehen mag (*Medienwoche*, 18.1.2022). Sich demonstrativ von einem rechtspopulistischen Provokateur abzugrenzen, seine Handlungen und Entscheidungen als erster Mann im Staat kritisch zu durchleuchten und allzeit anhand realer wie vermuteter unlauterer Motive einzuordnen, stärkt das eigene Profil und bindet die eigene Basis. An dieser Stelle sei angemerkt, dass die *Times* immerhin ihrem konservativen Kolumnisten Ross Douthat den Raum gibt, in einem Meinungsstück zu kritisieren, dass sich die US-Medien – und Douthat bezieht hier seinen Arbeitgeber unverkennbar mit ein – »nach der Wahl Trumps als ›Wächter der Demokratie und moralische Schiedsrichter‹ positioniert und damit den Anhängern des Präsidenten Nahrung geliefert hätten, die den Trump-kritischen Medien Parteilichkeit vorwerfen« (ebd.).

Jenseits davon, dass man hier bei allem demonstrativen Idealismus der großen Blätter also durchaus auch ein gutes Geschäftsmodell vermuten kann (das eine muss das andere nicht ausschließen!), wiegt der Vorwurf politischer Parteilichkeit schwer. Dies ist mit Bezug auf den US-Medienmarkt bemerkenswert, denn hier halten die führenden Zeitungen seit eh und je nicht mit ihrer politischen Meinung hinterm Berg; die *New York Times* gibt regelmäßig vor Präsidentschafts-, aber auch Kongresswahlen offen Wahlempfehlungen ab, inklusive namentlicher Nennung der Favoriten der Redaktion. Hieran ist die amerikanische Leserschaft gewöhnt; ihr Argwohn bezieht sich auf vermeintlich tendenziöse Berichterstattung, auf zwischen den Zeilen vorgenommene, ebenso subtile wie wirkmächtige Beurteilungen der Lage und des politischen Personals. Und tatsächlich kann man sich des Eindrucks schwerlich erwehren, dass die *Times* mindestens im Verlauf der letzten zwei bis drei Jahre, also seit der Endphase der Trump-Ära und während Bidens Aufstieg ins Amt insbesondere die junge, medienaffine Woke-Generation im Auge hat. Diese möchte man näher an sich binden, und man möchte es sich mit ihr keinesfalls verscherzen. Was nicht dasselbe ist. Denn wie der *Guardian* im Februar 2022 klug beobachtet, ist fraglos im Verlauf der letzten Dekade, vor allem aber über die letzten beiden Jahre, eine klare Links-Verschiebung bei der *Times* festzustellen. Das britische Traditionsblatt, das selbst links der Mitte beheimatet ist, hält fest, dass sich die Verwendung der Begriffe ›sexist‹ und ›racist‹ bei der *Times* seit 2012 um mehr als 400 Prozent erhöht hat; weitere Schlagwörter der Woke-Bewegung wie ›Privileg‹, ›Patriarchat‹, ›systemische Ungleichheit‹ und ›white supremacy‹ haben ebenfalls sprunghaft an Bedeutung gewonnen (*The Guardian*, 26.2.2022).

Die hier genannten Fakten sind über Zahlen belegbar; es genügt, das entsprechend umfangreiche Textkorpus durch ein entsprechend ausgeklügeltes Textprogramm laufen zu lassen. Spannender als die Frage nach der Verschiebung an sich ist die Frage, wo diese herrührt, und von wem sie ausgeht. Ist sie eine direkte Auswirkung der Dynamiken im Woke-Diskurs unserer Zeit und spiegelt somit den Zeitgeist, wie ihn die jüngere Generation in den Online-Foren lebt? Oder, und diese interessante Behauptung stellt der *Guardian* in seiner Untersuchung auf, verhält es sich vielmehr umgekehrt: Haben mittlerweile in den Redaktionen der linksliberalen Leitmedien wie der *Times* führende Vertreter der Woke-Bewegung dermaßen an Einfluss gewonnen, dass letztlich eine kleine Gruppe ideologischer Überzeugungstäter den nationalen Diskurs in bestimmten Fragen gesellschaftlichen Zusammenlebens über die traditionellen Medien vor sich hertreibt?

Den Verfassern des *Guardian*-Stücks scheint bewusst zu sein, wie brisant eine solche Auslegung der Lage ist. Ihre eilends nachgereichten Belege aber leuchten ein: Nicht alle Verschiebungen bezüglich der Sprache und des Blickwinkels, aus dem Entwicklungen auf diesem Gebiet der jüngeren Zeit in den linksliberalen Medien wiedergegeben werden, lassen sich auf chronologisch vorgeordnete Ereignisse zurückführen. Während dies laut *Guardian* im Fall der Ermordung des schwarzen Teenagers Trayvon Martin im Februar 2012 der Fall ist, also sein Tod unmittelbar eine Welle der Beschäftigung mit dem grassierenden Rassismus in der US-Gesellschaft auslöst, liegt der Fall bezüglich weiterer Problemfälle derselben Gesellschaft anders. So sei die Thematisierung von Sexismus, Homophobie, Transphobie, Islamophobie und Antisemitismus im gleichen Zeitraum ebenfalls sprunghaft angestiegen – ohne dass dies in vergleichbarer Weise auf ein ähnlich tragisches Ereignis wie die Ermordung Martins (bzw. Eric Garners und Michael Browns im Juli und August 2014) zurückzuführen sei. Der *Guardian* hält daraufhin zu Recht fest, dass diese teils massiven Diskursverschiebungen also nicht sämtlich ursächlich mit krisenhaften Ereignissen und sozialen Tragödien zusammenhängen können. Vielmehr konnten bestimmte Bewegungen, die wenig später primär in den sozialen Medien großes Gewicht erlangen sollten, und zwar USA-weit wie global, sich erst etablieren, weil schon zuvor aus einflussreicher Warte gezielt auf einen Bewusstseinswandel bezüglich bestimmter Gesellschaftsfragen hingearbeitet wurde: Ein Phänomen, das Matthew Yglesias 2019 auf dem – wohlgemerkt ebenfalls linksliberalen – Online-Nachrichtenportal *Vox* nur halbironisch als »The Great Awokening« bezeichnen sollte. Es erscheint nicht überzogen, bei Yglesias und einer steigenden Anzahl weiterer Beobachter aus dem progressiven Lager ein wachsendes Unbehagen zu konstatieren, was die ideologische Verhärtung bei einigen Vertretern der eigenen Seite anbelangt. Ein Ende ist bisher nicht abzusehen, *the genie is out of the bottle*, wie man in Amerika sagt.

Für die 2020er-Jahre lässt sich angesichts dieser Entwicklungen, die andauern, in unserem Kontext zunächst als Zwischenfazit festhalten: Der öffentliche Diskurs hat sich dauerhaft verschoben, oder besser: sich ein weiteres Feld erschlossen, in dem er stattfindet. Er erweitert dieses Feld gleichzeitig fortlaufend, zu ihm eigenen Konditionen. Nicht alle hiervon sind unproblematisch, wie wir gesehen haben. In jedem Fall stehen die hierbei wirkenden Dynamiken größtenteils in Ergänzung, teils aber auch in Reibung zu den Dynamiken des traditionellen, analog strukturierten medialen Diskursfeldes. Außer Frage steht die

Allgegenwärtigkeit und Permanenz des digitalen Diskursfeldes, wobei es für die älteren Generationen wachsende Bedeutung einnimmt, für die jüngeren Generationen jedoch seit geraumer Zeit den Status quo darstellt.

Angesichts dieser Faktenlage – deren Anerkennung hier nicht mit durchgehend positiver Wertung gleichzusetzen ist – stellt sich die Frage, wie einzelne Teilnehmer oder Teilnehmergruppen am öffentlichen Diskurs damit umgehen: Wer stellt sich den Herausforderungen, wer wählt den Weg der aktiven Mitgestaltung? Wer begnügt sich hingegen mit abwartender Reaktion? Die Antwort lautet: Die jungen US-amerikanischen Progressiven haben schneller als andere den Lauf der Zeit erkannt und sich – keineswegs unkritisch – mit den Gegebenheiten arrangiert. Sie sind darüber hinaus flexibler und erfolgreicher darin als andere, sich angesichts wandelnder Diskursdynamiken neu zu positionieren. Damit leisten sie wiederum Pionierarbeit im digitalen Diskursraum, nun da die anderen (gemeint sind vor allem Rechtskonservative und Vertreter der Neuen Rechten, der sogenannten *AltRight*) nachgezogen haben; dazu gleich mehr.

Die Verbindung zwischen jungen Vorreitern im progressiven öffentlichen Diskurs der USA und der Social-Media-Branche darf von Anfang an als eng gelten. Es ist wohl übertrieben, von einer beiderseitigen Win-win-Situation zu sprechen, wie es manche Beobachter in der Folge getan haben. Allerdings gab es früh sich überlappende Interessen wie den Anspruch, vor allem die jüngeren Generationen zu erreichen, der anfangs in der Tech-Branche stark ausgeprägt war. Berührungsängste waren jedenfalls kaum festzustellen, was auch daran liegt, dass eine ganze Reihe junger Firmengründer im Silicon Valley politisch links-progressiv tickt bzw. zumindest mit reaktionär-konservativen Einstellungen wenig anfangen kann. Nicht wenige dieser Pioniere sollten im Verlauf der 2010er-Jahre zu den Primussen der Branche aufsteigen; Twitter-Gründer Jack Dorsey ist einer von ihnen, auch die Snap-Inc.-Gründer Bobby

Murphy und Evan Spiegel und der Gründer des Messenger-Dienstes Signal, Moxie Marlinspike, ließen sich hier nennen (Signal ist eine gemeinnützige, spendenfinanzierte Organisation).

Zur Wahrheit gehört auch: Junges progressives Denken geht in Amerika durchaus bis zu einem gewissen Grad mit Business-Denken zusammen; die wenigsten sind Aspekten der Kommerzialisierung oder allgemein den kapitalistischen Dynamiken moderner Märkte gegenüber per se ablehnend eingestellt. Hier greift erneut der uramerikanische Pragmatismus, für die eigene (hier: gesellschaftspolitische) Botschaft die effektivsten Kanäle zu nutzen, und dabei möglichst den eigenen Startvorteil gegenüber der Konkurrenz zu halten. Dennoch zahlen nicht nur einige der (noch immer extrem jungen) Firmenvorstände einen Glaubwürdigkeitspreis dafür, dass etwa Donald Trump derart lange auf Twitter sein Unwesen treiben konnte. Den jungen Protagonisten auf dem Feld der Politik wie dem *squad team* ist hingegen das Kunststück gelungen, sich von der Charade um Trump zu distanzieren, den dortigen allzu nachsichtigen Umgang mit Demagogen wie Trump zu kritisieren und trotzdem weiterhin Twitter und andere Plattformen effektiv – bis exzessiv – für die eigene Arbeit zu nutzen. Kritik musste AOC hingegen dafür einstecken, ihre politischen Slogans auch in Form einer eigenen, hochpreisigen Merchandise-Kollektion unters Volk zu bringen; ihre »Tax-the-Rich«-und »Drink water & Don't be racist«-Sweatshirts kosteten anfangs stolze 65 US-Dollar pro Stück. Geschäftemacherei dieser Art in Verbindung mit einem sehr soliden Kongressgehalt ging selbst einigen an der eigenen Basis zu weit.

Jenseits normativer Einwände, die man bezüglich des Obigen haben kann: Die jungen US-Progressiven spielen das Spiel des digitalen öffentlichen Diskurses unserer Zeit sehr gut und bringen damit die eigene Sache effektiv voran; nicht zuletzt überschreiten sie elegant und erfolgreich Milieugrenzen. Den Vertretern anderer Milieus ergeht es weniger gut. Man kann argumentieren, dass sie sich auch weniger geschickt anstellen. Zunächst beschreibt Stephan Russ-Mohl in seiner *Informierten Gesellschaft* schonungslos die Funktionsdynamiken, welche für den Journalismus letzten Endes faktisch existenzgefährdend sein können (Russ-Mohl spricht zunächst von Bedrängnis), namentlich die »Verschiebungen im Machtgefüge zwischen Journalismus, PR und Werbung« (RUSS-MOHL 2017: 17). Progressive Vordenker argumentieren, zu Recht, dass genau dieser neuartige Mix aus politischer Botschaft, journalistischen Vermittlungstechniken und medialen Vermittlungsforen und -formaten attraktiv für ein jüngeres Publikum ist und dieses mobilisieren hilft. Die YouTube-Videos, welche AOC regelmäßig auflegt, sind bunt, mit Musik unterlegt, in zugänglicher Sprache gehalten, informativ und kurzweilig, technisch einwandfrei gestaltet und tagesaktuell. Ja, es handelt sich auch um hochprofessionelle Selbst-PR, doch müssen sich diesen Vorwurf mittlerweile auch manche Journalisten gefallen lassen, die sich in ihren Dokumentationen und Interviews immer häufiger selbst ins Bild rücken oder von ihresgleichen ins rechte (und sehr helle) Licht setzen lassen. Fakt ist, dass viele junge Erwachsene, die sich für politische Fragen interessieren, lieber das Originalinterview bei YouTube abrufen, als auf die journalistische Einordnung des gekürzten, editierten und kommentierten Interviews abends in der *Tagesschau* zu warten. Und dass diese jungen Erwachsenen dem YouTuber Rezo bei seiner stundenlangen »Zerstörung der CDU« gerne zuhören, ihnen aber nicht in den Sinn käme, ein Abo bei der *Frankfurter Rundschau* abzuschließen, deren Meinungskommentatoren sich ähnlich kritisch über die Partei äußern.

Das Machtgefüge im öffentlichen Diskurs verschiebt sich allmählich, weil sich Milieugrenzen verschieben oder zumindest zeitweise aufheben lassen. Allerdings gilt deshalb kein Automatismus, dass die Informationsqualität und damit auch die Diskursqualität leiden muss. Natürlich besteht diese Gefahr, wenn es sich um eine reine Meinungsäußerung handelt, die von Dritten als journalistische Einordnung von nachweislicher Qualität und Quellenlage gedeutet wird. Doch lässt sich argumentieren, dass ein Videobeitrag von AOC zu Lohnerhöhungsforderungen, zum Green New Deal oder zur New York Taxi Workers Alliance, also Themen, mit denen sich die Abgeordnete täglich auseinandersetzt, womöglich mehr Tiefe und Themennähe aufweist als der journalistische Beitrag eines Außenstehenden. Zumal AOC häufig die Möglichkeit zum interaktiven Austausch im Netz bietet.

Der Fall kann als ein Beispiel dafür gelten, wie eine hauptberufliche Politikerin sich erfolgreich Kenntnisse auf einem Gebiet angeeignet hat, das zu gleichen Teilen dem Journalismus und der Werbebranche zuzurechnen ist, was die ›Gesetze‹ angeht, nach denen etwa YouTube oder Instagram funktionieren. Sie hat damit eine Milieugrenze überschritten, was umgekehrt hauptberuflichen Journalisten nicht möglich ist: Politische Positionen können nur über Wahlen oder Ernennungen erlangt werden, Journalismus ist kein geschützter Begriff. Anstatt solche Entwicklungen primär kritisch zu kommentieren, sollten sich einige Vertreter der journalistischen Branche womöglich ihrer Angst vor dem eigenen Bedeutungsverlust stellen. Und sich anschließend anderen, für den öffentlichen Diskurs und seine Qualitätssicherung elementaren Aufgaben widmen. Es sind dies Aufgaben, die genuin nur Journalisten wahrnehmen können: Die kritische Kontrolle derjenigen, die politische Macht innehaben, wozu auch gehört, wie sich diese politischen Vertreter im analogen wie digitalen öffentlichen Diskurs positionieren, welche Debattenforen sie wählen und wie sich dies auf ihre Glaubwürdigkeit auswirkt usw. Auf diese Weise würden Journalisten quasi nebenbei einen wichtigen Beitrag zur Sicherung seriöser öffentlicher Debatte leisten – und damit deren Überleben entscheidend (mit-)sichern.

Wenn daher Ulrike Klinger in ihrem Text »Diskurskiller Digitalisierung?« (ebenfalls erschienen in Russ-Mohls *Streitlust und Streitkunst*) eine zweigeteilte Antwort auf ihre eigene Frage und damit die Rolle sozialer Medien im öffentlichen Diskurs gibt, bin ich einerseits bei ihr. Es ist wahr, dass »diese Plattformen den öffentlichen Diskurs demokratisiert und zu einem Bedeutungsverlust elitärer Akteure geführt« haben (KLINGER 2020: 61). Damit bilden sie die moderne diverse Gesellschaft im 21. Jahrhundert besser ab, als dies vielen traditionellen medialen Plattformen wie etwa den großen Zeitungen gelingt. Die Progressiven agieren auf diesem Parkett, das sehr schnell sehr glitschig werden und bei kleinsten Fehlern oder auch nur Versprechern für die Beteiligten eine schmerzhafte Rutschpartie bedeuten kann, noch immer besser, effektiver und origineller als ihre konservativen Gegenparts. Letztere vergreifen sich in ihrem Bestreben mitzuhalten des Öfteren im Ton. Nicht alle, so viel zur Ehrenrettung, machen sich dabei dermaßen lächerlich wie der republikanische Senator Ted Cruz, der in einem Wahlwerbespot Speck auf dem heißglühenden Lauf seiner halbautomatischen Waffe brät.

Klinger hat auch Recht, wenn sie festhält, dass soziale Netzwerke nicht einfach das Geschehen abbilden. Stattdessen findet »durchaus ein Filtern, Selektieren, Priorisieren« statt (ebd.: 62); das Wesen eines effektiv programmierten Algorithmus besteht genau in dieser Funktion. Aufseiten der Nutzer gilt: Praktisch nie ›geschieht‹ in der öffentlichen Debatte ein digitaler Beitrag seitens der Meinungsführer ohne sehr bewusst, je nach Anlass subtil oder plakativ gesetzte politische Botschaft inklusive entsprechender Einkleidung der Botschaft. An diesem Punkt und aus diesem Grund ist die oben erläuterte kritische Medienkompetenz gerade jüngerer Nutzer, die sich zwar zu allem äußern, bewusst oder unbewusst jedoch häufig primär Konsumenten der Botschaften sind, zentral.

Auf einer anderen Ebene müssen sich Journalisten ihrem traditionellen Verständnis nach als beobachtende, kontrollierende vierte Gewalt der Geschehnisse selbst in die Verantwortung nehmen – es gibt schließlich keine gesetzlich vorgezeichnete

Aufgabenbeschreibung für ihr Tun. Diese Rolle erfordert ein Umdenken. Denn zum einen beobachtet man bei allen Konkurrenzgefühlen vermeintlich ›das eigene Lager‹, eben digitale mediale Diskursarenen, die dem eigenen analogen Wirken vermeintlich immer noch näherstehen als die drei Gewalten Legislative, Exekutive und Judikative, als deren kritischer Begleiter man sich lange ausschließlich verstanden hatte. Zum anderen ist man auch als kritischer Beobachter der digitalen Plattformen auf diese angewiesen; dies beginnt schon damit, welche E-Mail-Software man für die eigene Arbeit wählt oder über welchen Filehosting-Dienst man seine Texte speichert. Doch wer sonst sollte möglichst transparent für Nutzer einordnen, was es heißt, wenn Digitalpioniere zu News-Produzenten werden, wenn also börsennotierte, gewinnorientierte Unternehmen wie Facebook oder die beliebten Kommunikationsplattformen Yahoo (heute bei Apollo Global Management) oder YouTube (eine Tochtergesellschaft von Google) von ihren Nutzern als neutrale Informationsplattformen wahrgenommen werden? Diese Wahrnehmungsgewohnheiten sind so stark, dass sie selbst dann Bestand haben, wenn vielen Nutzern rational längst bewusst ist, dass etwa die Algorithmen bei Facebook explizit auf Kontroverse ausgelegt sind, um Nutzer zu binden. Also nicht auf das Finden von Kompromissformeln, die eine kontroverse Auseinandersetzung beenden könnten, worauf sich die Beteiligten wieder anderen Belangen zuwenden. Letzten Endes gibt es jedoch auch immer eine Eigenverantwortung der Nutzer; nicht wenige Leser des *Playboy* wollen andere und vor allem sich selbst glauben machen, sie blieben dem Magazin wegen seiner hochkarätigen Interviews treu.

Trotz der berechtigten Kritik, die Klinger zu einzelnen Aspekten vorbringt, teile ich nicht ihr Fazit, welches sie auf Grundlage dieser Kritik zieht. Laut ihr »versagt also nicht der Diskurs, er findet nur jetzt auch in einer Umgebung statt, die nicht für fruchtbare Diskurse geschaffen ist« (KLINGER 2020: 63). Das stimmt für unsere Zeit (und gerade die 2020er-Jahre, die eine Diskursentwicklung in Sachen Themenfokussierung, Qualität und Zulässigkeit bzw. Unzulässigkeit von Diskurspositionen mit sich gebracht haben – siehe Trumps Twittersperre) so pauschal nicht mehr. Zudem suggeriert es, dass die analoge Umgebung (als logisch einzig existente Alternative zum Digitalen) per se geeigneter für fruchtbare Diskurse ist, was auch längst nicht immer (mehr) stimmt. Stattdessen kommt es in jedem Einzelfall auf die Akteure im jeweiligen Diskurs an. Deren Motive entscheiden ebenso sehr wie die Algorithmen der Plattformen über den Verlauf einer Auseinandersetzung zu gleich welchem Thema. Während letztere nicht auf Konsensfindung programmiert sind und daher gar nicht anders können als so zu funktionieren, gilt dies scheinbar auch für viele Diskursstimmen. Für sie wäre eine Lösungsfindung gleichbedeutend mit dem Rückfall in die eigene Anonymität – und ist daher keine Option.

Es gibt aber – und das stimmt hoffnungsvoll – genügend andere Stimmen im Diskurs, die hier ein zunehmend effektives Gegengewicht bilden, gerade aufseiten der Progressiven (die in den USA vermehrt dazu Impulse aus den Hochschulen erhalten, siehe dazu das nächste Kapitel). Auch auf organisatorisch-struktureller Ebene lässt sich die Diskursumgebung zudem ändern bzw. nachbessern. Das ist nicht nur möglich, sondern bereits mehrfach umgesetzt worden. Faktisch wurden somit die Betreiber digitaler Umgebungen, also etwa Facebook, dazu verpflichtet, die von ihnen zur Verfügung gestellten Umgebungen für Diskurse fruchtbarer zu machen. Letzten Endes ist der gesetzliche Weg hier der einzig konsequent gangbare Weg; allerdings kann dies ein steiniger Weg sein, wie sich im Fall von Telegram zeigt. Der Messengerdienst steht seit Jahren wegen der Verbreitung von Hassbotschaften in der Kritik; auch Todesdrohungen gegen bekannte öffentliche Persönlichkeiten sind nachzulesen. Bundesinnenministerin Nancy Faeser wusste sich Anfang 2022 offenbar nicht besser zu helfen, als die Abschaltung von Telegram anzudrohen, nur um ihre Aussage wenig später wieder zu relativieren.

Dabei können auch andere Dynamiken greifen, nämlich solche, die von denjenigen ausgehen, die für jegliche Messengerdienste überlebenswichtig sind: die Nutzer. Ein seitens einer genügend großen Anzahl solcher Nutzer aufgebauter Handlungsdruck kann den Betreibern digitaler Plattformen ein langfristiges Ignorieren der Zustände quasi unmöglich machen. Auch in diesem, vermeintlich rein idealistischen, faktisch aber realen Sinn sind soziale Netzwerke eben soziale Netzwerke. Einerseits Strukturboden des öffentlichen Diskurses, sind sie naturgemäß ebenso abhängig von ihm und daher auf einen ›gesunden Zustand‹ dieses Diskurses (was seine Funktionsfähigkeit anbelangt, nicht die Faktenlage oder moralischen Kriterien, die ihn ausmachen) angewiesen. Man kann argumentieren, dass der massive öffentliche Unmut über Hetzbotschaften auf Trumps Twitter-Account oder die Empörung über die Zumutungen, welche die Grünenpolitikerin Renate Künast lange über sich ergehen lassen musste, am Ende den Ausschlag für zwei wegweisende Entscheidungen gaben: die Sperrung des Trumpschen Accounts im Januar 2021 durch Twitter (nur Tage nach der Erstürmung des Kapitols) und das Gerichtsurteil vom Februar 2022 im Fall Künast (der Facebook nun die Daten von Hetzern gegen ihre Person übermitteln muss). Beides wäre ohne die zahllosen Nutzerreaktionen und eine sich über Wochen und Monate auftürmende Bugwelle der Entrüstung deutlich unwahrscheinlicher gewesen. Kontroverse ist der hochgehandelte Treibstoff der Social Media. Umso höher sind derartige Gerichtsurteile einzuschätzen, welche der Diskurskultur Vorrang vor glasharten Maximierungsprinzipien einräumen.

Am wichtigsten erscheint mir jedoch abschließend mit Bezug zum Thema dieses Buches, dass die von Klinger skizzierte »Umgebung« moderner Diskurse nicht mehr nur »auch« digital, sondern absehbar wohl komplett digital oder mindestens klar digital dominiert ist. Autark agierende analoge Diskursumgebungen werden sich jenseits der lokalen Ebene kaum halten können. Für alle, die sich im öffentlichen Diskurs westlicher Demokratien weiterhin engagieren oder neu engagieren wollen, besteht daher die Verpflichtung, die ubiquitäre digitale Umgebung aktiv und aus kritischer Distanz mitzugestalten. Es hilft nichts, über ihre Unfruchtbarkeit zu jammern und auf den rettenden Regen des rationalen Diskurses, wie er ›früher‹ vermeintlich einmal war, zu hoffen. Stattdessen bleibt nur, das digitale Feld so zu bestellen und intensiv zu bewässern, dass es allerorten fruchtbarer wird für eine konstruktive Diskurskultur.

7. RUND UM DEN ELFENBEINTURM. WIE PUBLIC INTELLECTUALS NEUE IDEEN IN DEN DISKURS BRINGEN

Wenn es einen kleinsten gemeinsamen Nenner gibt, auf den sich die meisten Forscher deutscher Universitäten zu einigen vermögen, dann darauf, dass diese Universitäten einen Schutzraum darstellen, in welchem sie ihrer Forschung nachgehen können. Jenseits politischer und ökonomischer Interessen und unbehelligt von zeitpolitischen Strömungen steht hier der nachhaltige wissenschaftliche Erkenntnisgewinn im Mittelpunkt. Soweit die Idealvorstellung – von der die Wirklichkeit mal mehr und mal weniger abweicht. Wichtiger ist im vorliegenden Kontext das Selbstverständnis, das hinter einer solchen Einschätzung steckt. Es führt dazu, dass bis heute an deutschen Hochschulen, und hier speziell in den Sozial- und Kulturwissenschaften, der Austausch mit der Welt jenseits des Campus zumindest misstrauisch beäugt, oftmals gar als kompromittierend angesehen wird. Ein Anachronismus, der sich besonders eindrücklich darin zeigt, dass die Anzahl hochgradig fachwissenschaftlicher Veröffentlichungen im Jargon der Disziplin noch immer eine entscheidende Rolle bei der Vergabe von Professuren spielt. Hingegen spielt es keine Rolle, ob diese Veröffentlichungen jenseits der eigenen kleinen Expertenblase Relevanz entfalten, oder gar in der interessierten Öffentlichkeit.

Die deutsche Haltung bei diesem Thema ist entgegen der eigenen Einschätzung die Ausnahme von der Regel. Anderswo betrachtet man die Lage durchaus differenzierter, z. B. mit Bezug auf die Kontakte zur praktischen Politik. Schon in den späten 1960er-Jahren kursierte unter US-Akademikern der Witz, Harvard-Professoren würden mehr Zeit im Shuttle-Flieger zwischen Boston und der Hauptstadt Washington zubringen als in ihren Seminaren, so intensiv war die Reisetätigkeit zwischen der John F. Kennedy School of Government, Weißem Haus und Außenministerium. Nicht von ungefähr ist auch das umgekehrte Modell, die Vergabe sogenannter ›Professor of Practice‹-Stellen an den Universitäten, eine amerikanische Erfindung. Hierbei geben Praktiker, z. B. auf dem Feld der Public Policy oder Business Administration, ihr Wissen an Studierende wie Lehrende weiter, indem sie für einen bestimmten Zeitraum Mitglied der akademischen Community werden. In den USA ist die Drehtür zwischen Akademie und Politik, aber auch den Denkfabriken und den Medien seit Jahrzehnten stark frequentiert; nicht wenige durchschreiten die sprichwörtliche *revolving door* mehrfach und in verschiedene Richtungen. Mit Bezug auf die Konturen und Dynamik des öffentlichen Diskurses ist besonders relevant, dass seitens der Politik auf regelmäßiger Basis Experten von den Universitäten rekrutiert werden. Sie speisen in der Folge ihre Ideen und Politikkonzepte in den Meinungsbildungs- und Lösungsfindungsprozess der jeweiligen Regierung ein. Meist geschieht dies eher von der zweiten und dritten Reihe aus, wie im Falle von Joseph S. Nye (stellvertretender Verteidigungsminister unter Bill Clinton) oder Anne-Marie Slaughter (zeitweilige Leiterin des Planungsstabs in Hillary Clintons Außenministerium), manchmal jedoch auch von äußerst prestigeträchtigen Positionen: Der Harvard-Politologe Henry Kissinger sollte zu einem der einflussreichsten Außenminister der US-Geschichte aufsteigen. Condoleezza Rice war Professorin für Politikwissenschaft an der

Stanford University, bevor George W. Bush sie zu seiner Außenministerin ernannte.

Was den öffentlichen Diskurs angeht, ist hingegen noch wichtiger, dass zahlreiche universitäre Forscher sich explizit auch als Ideenproduzenten und damit Impulsgeber für den breiteren öffentlichen Diskurs verstehen. Sie richten sich deshalb mit ihren Publikationen, Stellungnahmen und Einordnungen in Form und Inhalt nicht nur an die politischen Entscheidungsträger. Dezidiert wird die interessierte Öffentlichkeit adressiert; der offene Anspruch ist, in den öffentlichen Diskurs einzugreifen und diesen mitzugestalten. Somit ist die Mauer zwischen akademischer Debatte, politischem Wirken und gesellschaftlichem Zusammenleben niedriger als bei uns. Nicht alle theoretisch überzeugenden Entwürfe bestehen in der Praxis jenseits universitärer Institute, und bei manchen dieser Entwürfe darf man die Mauer getrost als Schutzmauer ansehen – für die Öffentlichkeit, die somit von diesen Entwürfen verschont bleibt. Und doch ist es unbestreitbar ein Gewinn, dass nach wie vor sehr viele Akteure aus der Forschung früher oder später einmal einen Ausflug jenseits der Mauern wagen. Nicht alle kehren danach zurück, schon, weil die Alternativen zahlreicher sind als in Deutschland: Die hiesige Think-Tank-Landschaft ist mit der US-amerikanischen in Umfang, Ausdifferenzierung und finanzieller Ausstattung (noch lange) nicht zu vergleichen.

Fraglos existiert auch in den USA eine akademische ›Silo-Kultur‹: Man bleibt im Zweifelsfall gerne unter sich und kommuniziert mit seinesgleichen hinter dem Schutzwall disziplinärer Fachsprache. Diese bedeutet oftmals sogar eine wirkungsvolle Trennlinie gegenüber angrenzenden Disziplinen, ganz zu schweigen von den Nicht-Experten auf dem betreffenden Gebiet. Der Preis hierfür, seitens der Akademiker lange unbemerkt oder beflissentlich übersehen, ist eine vergleichsweise kritische Sicht der breiteren Öffentlichkeit auf sämtliche Institutionen höherer

Bildung. Damit sinken automatisch deren Chancen, auf den öffentlichen Meinungsbildungsprozess einzuwirken, was in den USA erklärtermaßen im Durchschnitt einen wichtigeren Zweck der akademischen Arbeit darstellt als in Deutschland.

Wichtiger, und wenig imagefördernd, ist die Tatsache, dass der akademische Betrieb und damit Diskurs in den USA deutlicher als hierzulande politisch eingefärbt ist. Das Publikum außerhalb der Hochschulen, das womöglich für ein dringliches gesamtgesellschaftliches Problem zu interessieren wäre, reagiert allergisch auf wissenschaftliche Autoritätsansprüche, die anhand der Kriterien links-rechts-mittig sortiert sind; wer der Politik und ihren hauptberuflichen Vertretern generell kritisch gegenübersteht, will im Rahmen einer komplexen Sachfrage nicht aufs Neue mit politischen Grabenkämpfen konfrontiert werden. Seit Jahrzehnten driften in den USA die Geistes- und Sozialwissenschaften und damit – zumindest in der öffentlichen Wahrnehmung, weil deren Themen oft gesamtgesellschaftlichen Bezug aufweisen – die Universitäten als Ganzes kontinuierlich nach links. In der hochgradig polarisierten US-Gesellschaft, die politische Streitfragen mit wachsender Schärfe ausficht, bedeutet dies zweierlei: Diejenigen Teile der Öffentlichkeit, welche politisch ähnlich ›ticken‹ wie die entsprechenden akademischen Disziplinen, sind für deren Interpretationen der Wirklichkeit zugänglicher als je zuvor. Der Einfluss in der Breite steigt kontinuierlich. Alle anderen, deren persönliche politische Überzeugungen konträr zur Linie der meisten Geistes- und Sozialwissenschaftler verlaufen, sind hingegen kaum mehr für Ideen aus der Akademie erreichbar. Beides gilt zunächst unabhängig von der Qualität dieser Ideen.

Insofern ist die überwiegend einseitige Verortung der allermeisten Institutionen höherer Bildung ein Problem, einfach, weil sich viele Amerikaner, die nicht links der Mitte stehen, nicht abgeholt fühlen. Und doch würden sie sich wohl für manch konstruktiven Vorschlag erwärmen, wäre dieser nachvollziehbar und in klarer Sprache formuliert. Mittlerweile liegt das eigentliche Problem nämlich darin, dass die linksinformierte Übertheoretisierung des jeweiligen Forschungsgegenstands manches Mal abstruse Ausmaße und Formen annimmt. Raffinierte Verklausulierungen recht banaler Sachverhalte sind das Eine, absolut gesetzte Annahmen wie die soziale Konstruktion jeglichen Geschlechts das Andere. Somit ist bedauerlicherweise in den Augen vieler, die außerhalb der Akademie stehen, linkes Ideengut gleichzusetzen mit entrückten Gedankenkonstrukten, die für Normalsterbliche kaum nachvollziehbar sind.

Auf institutioneller Ebene lässt der kritische Austausch zu diesen Konstrukten mittlerweile ebenfalls nach; viele sind der Grabenkämpfe müde. Anstatt also innerhalb der jeweiligen Hochschule linke, liberal-progressive und konservative Ansichten in den Dialog zu bringen, geht man sich aus dem Weg. Das ist wörtlich zu nehmen: Konservative Wissenschaftler bewerben sich auf Stellen an konservativen Universitäten wie der katholischen Notre Dame University in Indiana, der von Mormonen gegründeten Brigham Young University in Utah oder am Hillsdale College in Michigan, weil sie sich an traditionell linken Universitäten wie dem kalifornischen Berkeley oder der Portland State University (zu Recht) wenig Chancen ausrechnen. Linksliberale und progressive Wissenschaftler versuchen ihr Glück gar nicht erst an der University of Mississippi, der University of Dallas oder gar an der Liberty University. Im Ergebnis öffnet sich die Schere in der akademischen Landschaft der USA, ohne dass die Flügel der Schere noch miteinander in Berührung kommen.

Eine ganze Reihe US-Universitäten läuft derzeit Gefahr, ihren selbstverursachten Imageschaden in der Durchschnittsbevölkerung weiter zu vergrößern, anstatt auf die vorhandenen Warnsignale zu reagieren. Gleichzeitig, und hier wird es interessant, gelingt es immer wieder einzelnen Akteuren an ebendiesen Universitäten, den Trend nicht nur zu durchbrechen, sondern höchst erfolgreich für sich umzukehren. Politikwissenschaftler, Historiker, Kulturwissenschaftler, Soziologen, Theologen: Nicht wenige von ihnen erarbeiten sich zunächst einen hervorragenden Ruf auf ihrem Fachgebiet und absolvieren später erfolgreich den Übertritt in den breiteren öffentlichen Diskurs. Diese *public intellectuals*, sogenannte ›öffentliche Intellektuelle‹, nehmen in den USA eine deutlich prominentere Position ein als bei uns. Sie bilden die bedeutendste Brücke zwischen universitärer Expertise und öffentlichem Meinungsbildungsprozess, wie ich in meinem Buch *How to Be a Superpower* (2012) am Beispiel des außenpolitischen Diskurses in den USA erläutere. Dabei sind sie häufig zentrale Stimmen in der Debatte, eben weil sie sich zu Anwälten für eine bestimmte Position machen. Bisweilen treten sie hingegen auch als Moderierende auf, die bei Bedarf vermittelnd wirken. Hierin zeigt sich ihre Fähigkeit, auf einen sich wandelnden öffentlichen Diskurs adäquat reagieren und die eigene Rolle anpassen zu können; der Vorwurf der Wendehalsigkeit wird in Deutschland viel häufiger laut als in den USA. Wir verwechseln allzu oft Flexibilität mit Beliebigkeit oder Prinzipienlosigkeit, wenn wir doch den uramerikanischen lösungsorientierten Pragmatismus durchscheinen sehen sollten.

Fast immer wollen *public intellectuals* Ideengeber für Diskursdimensionen sein, die bislang keine oder nur wenig Beachtung gefunden haben. Sie sind ›öffentliche‹ Intellektuelle, weil ihnen gelingt, was vielen ihrer klassisch akademischen Kollegen so schwerfällt: komplexe wissenschaftliche Erkenntnisse in zugängliche Sprache zu übersetzen, ohne die betreffenden Inhalte zu verflachen. Die meisten der entsprechenden Veröffentlichungen in den *Current Affairs*-Sektionen der großen Buchhandlungen im Land kommen ohne Fußnoten aus; die Buchcover sollen das Publikum ansprechen (und nicht abschrecken, wie man bei so mancher Veröffentlichung der hiesigen Fachbuchverlage meinen könnte). In der Summe trägt die ›Mehrsprachigkeit‹ der öffentlichen Intellektuellen, die zwischen Expertentum und breiterer Öffentlichkeit ›übersetzen‹, dazu bei, dass akademische Konzepte leichter Akzeptanz in ebenjener Öffentlichkeit finden. Es ist wie gesagt beileibe nicht so, dass die Universitäten oder Think Tanks in der Breite der US-Bevölkerung nicht weiterhin als tendenziell elitär wahrgenommen würden. Doch geht damit aufgrund der ›Übersetzungsleistung‹ der *public intellectuals* nicht automatisch die generelle Ablehnung von Ideen einher, die ihren Anfang an diesen Einrichtungen genommen haben. Es hilft, dass Noam Chomsky, Angela Davis, Camille Paglia, Michael Sandel, Yuval Levin und andere mehr bei ihren Anhängern auch außerhalb der Hochschule Kultstatus genießen.

Dieser Status übersetzt sich nicht automatisch in Autorität, was einen Führungsanspruch in den großen Gestaltungsfragen angeht, mit denen sich westliche Demokratien konfrontiert sehen. Anders ausgedrückt: Das nachgewiesen äußerst niedrige Vertrauen, das etwa der US-Kongress bei der Bevölkerung seit Jahrzehnten genießt, bedeutet nicht, dass öffentliche Intellektuelle im Diskurs umgekehrt automatisch als vertrauenswürdige Stimmen gelten. Aber sie können durch ihre kritisch-distanzierte Beobachtung des Regierungshandelns, struktureller Missstände in der Gesellschaft oder bezüglich der globalpolitischen Fragen unserer Zeit in der öffentlichen Wahrnehmung durchaus einen Gegenpol zur institutionalisierten Politik bilden. So sind sie nicht von Berufs wegen an Verschwiegenheitsklauseln oder sonstige politische Kommunikationszwänge gebunden. Nur in Ausnahmefällen werden sie als Parteisoldaten wahrgenommen. Dabei sind die meisten Vordenker der öffentlichen Debatte in aller Regel klar auf dem politischen Spektrum zu verorten – zumindest zeitweise; manche vollziehen im Lauf ihrer Karriere erstaunliche Wandlungen, so sind etwa viele der sogenannten ›Neokonservativen‹ frustrierte Linke.

Generell sind die *public intellectuals*, gleich ob rechts oder links der Mitte, freier, was die Sprache betrifft, die sie für ihre Beiträge in der öffentlichen Debatte wählen können. Hiervon legen ihre Sachbücher und Beiträge in den großen Talkshows Zeugnis ab. Manches Mal wird die Grenze zur Überzeichnung überschritten, und dies ganz bewusst, um auf dem riesigen US-Medienmarkt überhaupt Aufmerksamkeit für die eigene These zu erzeugen. In diesem Sinne sind Amerikas öffentliche Intellektuelle ›Experten‹ für den öffentlichen Diskurs. Sie wissen um seine Dynamiken und Funktionslogik, und sie nehmen damit eine zentrale Rolle ein, denn ohne sie wären sowohl das energetisierende wie auch das ausgleichende Element in diesem Diskurs schwächer ausgeprägt. Dieser Begriff von Expertentum unterscheidet sich vom traditionellen Verständnis von Expertise, also der Spezialisierung innerhalb der Disziplin, ihrer jeweiligen Methodologie und Fachsprache. Ihre Legitimation als Experten im ›Brückenbauen‹ zwischen akademischem Spezialistentum und gesamtgesellschaftlicher Relevanz beziehen die Vordenker im Diskurs aus der Effektivität, mit der sie agieren: Wie viel Interesse, wie viel Bewusstsein können sie für eine Fragestellung generieren? Welches Publikum dafür erreichen? Wie lange dessen Aufmerksamkeit aufrechterhalten?

Das hier skizzierte Selbstverständnis von Amerikas öffentlichen Intellektuellen ist weder zufällig noch jüngerer Natur. Vielmehr steht es in der Tradition des US-Philosophen Ralph Waldo Emerson, einer der Ikonen der amerikanischen Transzendentalismus-Strömung, die im Neuengland der 1830er-Jahre ihren Anfang nahm. In seiner berühmten Rede »The American Scholar« von 1837 fordert Emerson von den Intellektuellen seiner noch jungen Nation Originalität im Denken, verbunden mit dem klaren Anspruch, den öffentlichen Diskurs lebendig zu gestalten. Es geht ihm darum, für Amerika eine eigene kulturelle Identität zu entwickeln, sich vom Mutterland England zu emanzipieren. Genauso sehr jedoch sollen sich die Vordenker im Diskurs von der Vorstellung eines monotonen Lebens emanzipieren, das nur aus dem eigenen Arbeitsalltag und einem begrenzten Wirkungskreis besteht. Stattdessen ist der Kern intellektuellen Wirkens, die erdachten Ideen in den Meinungs- und Identitätsbildungsprozess der Nation einzubringen, sie also eben nicht ›für sich zu behalten‹, sondern mit der Welt ›da draußen‹ zu teilen. So werden es Emerson, und mit ihm Margaret Fuller, Henry David Thoreau, Walt Whitman und andere halten. Und bis heute verorten sich viele von Amerikas Intellektuellen in der Tradition der Transzendentalisten. Dementsprechend arbeiten sie aktiv und gezielt an der Fortentwicklung der kulturellen Identität der USA (so der eigene Anspruch), und das heißt dieser Tage mehr denn je: am Zustand und Potenzial der US-Demokratie. Der einzig erfolgversprechende Weg hierbei führt unvermindert über den öffentlichen Diskurs.

Als konkretes und sehr erfolgreiches Beispiel einer solchen Existenz im öffentlichen Diskurs darf der bereits zuvor erwähnte Cornel West gelten: was die eigene Bekanntheit betrifft (so könnte man ironisch anmerken), sehr wohl aber auch, was die Wirkung gerade auf die Jüngeren im progressiven Diskurs angeht: Wests Reichweite ist enorm, wenn auch in letzter Zeit andere ihren Platz auf der Bühne reklamieren, wie etwa der Autor und Journalist Ta-Nehisi Coates. Unbestritten richtet West unvermindert einen wirkmächtigen und vor allem auch wortmächtigen Appell an alle, die sich in den USA für Fragen des öffentlichen Diskurses, des gesellschaftlichen Miteinanders, der Funktionsbedingungen einer vitalen Demokratie interessieren. West schert sich dabei nicht um Grenzen. Von Haus aus Theologe, bringt er sich in philosophische ebenso wie politische, in kirchliche wie weltliche, und eben demokratietheoretische wie ›demokratiepraktische‹ Debatten ein. An den Universitäten, die für West trotz allem ein Berufsleben lang die Basis bedeutet haben, prangert er das noch immer weit verbreitete Schubladendenken innerhalb der jeweils eigenen Disziplin an. Für ihn liegt die eigentliche Stärke fachlicher wie populärwissenschaftlicher Impulse in der fruchtbaren Vermengung und gegenseitigen Inspiration von Ideen, die ursprünglich in einem bestimmten Fach entstanden sind. Außerhalb der Universitäten nimmt West die großen Fragen moderner Gesellschaften in den Blick. Er scheut sich nicht davor, seine Appelle und Lösungsvorschläge in hochfliegende visionäre Rhetorik zu verpacken. Ein solches Auftreten bekommt in Deutschland allzu schnell den Anstrich des Unseriösen verpasst. Dabei darf man fragen, ob West nicht sehr viel höhere Chancen auf ein offenes Ohr bei der jungen Generation hat, wenn er ein Album mit KRS-One aufnimmt und den jungen Obama im Wahlkampf unterstützt, anstatt sich im Elfenbeinturm einer Eliteuniversität zu verschanzen.

Wenn West etwa seine Sicht vorbringt, woran die US-Demokratie krankt, und im Anschluss Lösungen unterbreitet, ist womöglich nicht alles davon auf die Realität der USA außerhalb des universitären Campus übertragbar bzw. in allen Belangen praktisch anwendbar. Wir können jedoch getrost davon ausgehen, dass West diesen Reibungsverlust einberechnet und pragmatisch nach dem US-amerikanischen Motto verfährt (welches sich nur holprig übersetzen lässt): ›Dinge gegen die Wand zu werfen, in der Hoffnung, dass etwas davon hängenbleibt.‹ In *Democracy Matters* von 2004 benennt er drei große Probleme der US-Demokratie, von denen sich alle, wie wir sehen werden, unmittelbar auf die Qualität des öffentlichen Diskurses auswirken. Das erste von drei mittlerweile laut West dominanten antidemokratischen Dogmen ist der »fundamentalistische Glaube an den freien Markt«, der zu einem »Fetisch« geworden sei (WEST 2004: 3). Dies führe zu extremer Ungleichheit und einem übergroßen Einfluss der großen Unternehmen, man denke nicht zuletzt an die Silicon-Valley-Tech-Branche: fatal für einen fairen, ausgewogenen und vor allem für alle zugänglichen öffentlichen Diskurs. Noch schwerer wiegt laut West allerdings, dass die Fixierung auf die

Gesetze des freien Marktes das »umdefiniert«, wonach wir »im Leben streben sollten« – und dies »insbesondere für junge Menschen« (ebd.: 4). Ein dermaßen profitorientierter Ansatz »saugt der amerikanischen Gesellschaft das demokratische Leben aus«, so West (ebd.). Bald zwei Jahrzehnte später muss man dieser harschen Analyse umso mehr zustimmen, wenn man sich besieht, nach welchen Regeln Facebook-, Twitter- und mittlerweile auch Instagram-Debatten ablaufen, in welchem Ausmaß Klickzahlen, die sich wiederum in Sponsorenverträge und das Schalten von Werbeanzeigen übersetzen, diese Debatten strukturieren.

Ein zweites antidemokratisches Dogma ist laut West der »eskalierende Autoritarismus« (ebd.: 6) in den westlichen Demokratien, und vor allem der US-Demokratie in den ersten Jahren des neuen Jahrtausends, als West sein Buch verfasst. Dies ist laut ihm vor allem auf »unser tiefes Misstrauen einer dem anderen gegenüber« (ebd.) zurückzuführen. Zweifellos hat dieses Misstrauen im Verlauf der beiden vergangenen Jahrzehnte weiter zugenommen, nicht zuletzt gezielt befeuert durch einen Präsidenten, der Twitter zu seinem Hauptkommunikationskanal machte. Damit ging er im Hinblick auf die Beeinflussung der öffentlichen Meinung nochmals deutlich weiter als Präsident Bush Jr., der zur Zeit der Veröffentlichung von *Democracy Matters* im Weißen Haus residierte.

Das dritte von West postulierte antidemokratische Dogma, welches fatale Auswirkungen auf den öffentlichen Diskurs entfaltet, ist nicht im gleichen Ausmaß wie die ersten beiden ein strukturelles Merkmal. Stattdessen handelt es sich eher um eine Charaktereigenschaft des öffentlichen Diskurses, die diesen zunehmend spannungsgeladen werden lässt: »aggressiver Militarismus« (ebd.: 6). Laut West hat die allgegenwärtige Verfügbarkeit von Waffen in den USA sowie die Tatsache, dass die Supermacht USA bei der Lösung internationaler Konflikte allzu oft auf ihre militärische Stärke setzt, dafür gesorgt, dass auch das demokratische Miteinander zu Hause quasi ›militärische‹ Qualität angenommen hat. Ein rabiates Auftreten im Diskurs, die Überbetonung maskuliner Härte, dominantes Auftreten und die sprichwörtliche Vernichtung des Diskursgegners sind zum Debattenideal geworden; das Recht des Stärkeren regiert den demokratischen Streit mehr denn je.

Es ist bemerkenswert, dass Wests Einschätzung des öffentlichen Diskurses in den USA, genauer: der Gefahren, denen sich dieser Diskurs gegenübersieht, dermaßen unverblümt kritisch ausfällt: Immerhin anderthalb Jahrzehnte, bevor Steven Pinker sich in *Enlightenment Now* mit ähnlichen Fragen befassen sollte, und dies zu einer Zeit, als Trump bereits im Amt war. Pinker hält indes unverdrossen an seiner optimistischen Überzeugung fest, wonach der Mensch für aufgeklärte Argumente und die Kraft der Vernunft empfänglich ist, und auf dieser Basis will er auch den progressiven Diskurs geführt wissen.

Neben der inhaltlichen Differenz in diesem Punkt besteht zwischen Pinker und West auch ein unübersehbarer Unterschied in der Art und Weise, wie sie an die Öffentlichkeit treten, sich auf der ›Bühne des öffentlichen Diskurses‹ verhalten. Während Pinker keineswegs das Rampenlicht scheut (wie sich später herausstellen soll, zieht er es vor, heikle Bekanntschaften wie die mit dem überführten Sexualstraftäter Jeffrey Epstein abseits der Bühne zu pflegen), legt er Wert auf ein dezidiert distinguiertes Auftreten; auch ein Hip-Hop-Album ist von ihm nicht zu erwarten. Im öffentlichen Debattenraum ist es jedem freigestellt, die passende eigene Persona zu entwerfen. Hingegen ist dies in der noch immer vergleichsweise rigide strukturierten und traditioneller Förmlichkeit verhafteten Welt der Akademie schon schwieriger. West bekam das in seinem weiter oben erwähnten Disput mit Harvard-Präsident Summers zu spüren; die Auseinandersetzung war mit dafür verantwortlich, dass der Starintellektuelle der Eliteuniversität den Rücken kehrte. West, der den

Schaden hatte, brauchte für den Spott nicht zu sorgen. Vielen seiner akademischen Kollegen ist Wests exaltiertes Auftreten und seine Popularität ein Dorn im Auge. Dies ist unter banalem Neid zu verbuchen. Zudem sich West rhetorisch sehr wohl zu wehren und – gerne auch überdeutlich – auf die Rechtschaffenheit seiner Position zu verweisen weiß.

Wer jedoch wie Pinker den Universitäten *in toto* vorhält, von ihrer ursprünglichen Aufgabe, »unvoreingenommene, vorurteilsfreie Forschung« zu betreiben (PINKER 2018: 372), abgerückt zu sein, weil sie dermaßen politisch links eingefärbt seien, betritt eine andere Ebene. Denn ein solcher Vorwurf hat weitreichende Implikationen, würde er doch bedeuten, dass die akademischen Bildungsstätten ihren Auftrag und ihre Mission, den öffentlichen Diskurs nach bestem Wissen und Gewissen zu bestücken und voranzubringen, nicht mehr seriös betreiben. Pinker weiß um den Widerspruch, den er verkörpert, ist er doch selbst einer der Stars seiner Zunft in Harvard. Und somit jemand, der sich aus seiner wissenschaftlichen Reputation heraus offen kritisch zum angeblichen links-progressiven Übergewicht an den intellektuellen Kaderschmieden des Landes äußern und dies auch noch in Form hervorragend dotierter Buchverträge tun kann.

Bei allen inhaltlichen wie performativen Differenzen, ganz abgesehen von der Konkurrenz um Aufmerksamkeit im öffentlichen Diskurs, die das Handeln von Pinker und West bestimmen, sind sich beide in der Interpretation ihrer Rolle im öffentlichen Diskurs doch ungleich ähnlicher als jedem ihrer deutschen Pendants auf der anderen Seite des Atlantiks. Sowohl das Modell West wie auch das Modell Pinker werfen stellvertretend die zentrale Frage auf, welche nun abschließend behandelt werden soll: Inwiefern sind die bis hier verhandelten Diskurseigenschaften, welche wir derzeit im progressiven Feld in den USA beobachten können, auf Deutschland übertragbar? Kann das überhaupt funktionieren? Und falls dem so sei, was ist die Konsequenz?

8. COPY-AND-PASTE IST KEINE LÖSUNG. WIE LÄSST SICH DER US-DISKURS FÜR DEUTSCHLAND NUTZEN?

Im September 2020 veröffentlicht Milosz Matuschek, zwischenzeitlich Kolumnist bei der *Neuen Zürcher Zeitung*, auf seiner Internetplattform Intellectual Deep Web Europe einen »Appell für freie Debattenräume«. Matuschek ist zusammen mit dem Ex-Lehrer und YouTuber Gunnar Kaiser, der u. a. bei Querdenken-Veranstaltungen in Stuttgart und Hannover aufgetreten ist, Initiator des Appells. Zu den Unterzeichnern gehören Ulrike Ackermann, Christian Illies, Boris Palmer, Monika Maron, Dieter Nuhr und weitere. Es handelt sich um eine Adaption des in den USA wenige Monate zuvor im *Harper's Magazine* veröffentlichten »Letter on Justice and Open Debate«, den der Kulturkritiker der *New York Times*, Thomas C. Williams, verantwortet. Allerdings ist nicht sicher, ob Williams die deutsche Ausgabe seiner Initiative als von der seinigen inspiriert erkennen würde. Ihm geht es um illiberale Tendenzen im öffentlichen Diskurs der USA; explizit kritisiert er den früheren Präsidenten Trump. Williams hat durchaus ein Problem mit dem dogmatischen Dominanzanspruch einiger links-progressiver Stimmen im Diskurs und macht daraus auch kein Hehl; hier klingt auch deutliche Selbstkritik an. Seine Hauptsorge ist jedoch, dass der von diesen Stimmen mit verursachte Diskurszustand von rechten Kräften – »Demagogen aus dem rechten Lager« – ausgenutzt wird. Zu den Unterzeichnern des Appells, der aus dem Brief entsteht, gehören unter anderem Anne Applebaum, Margaret Atwood, Gloria Steinem und Salman Rushdie.

Während also im deutschsprachigen Raum wieder einmal eine Diskursinitiative dankbar auf eine US-Initiative aufsattelt, passiert bei diesem Vorgehen auch noch eine Verzerrung der ursprünglichen Intention. Der Anlass hierzulande, einen Brief an die Öffentlichkeit zu schreiben, war die Ausladung der Kabarettistin Lisa Eckhart vom Hamburger Literaturfestival 2020 aufgrund antisemitischer Pointen in ihrem Bühnenprogramm. Abgesehen davon, dass sich in den USA keiner der genannten Unterzeichner dafür gewinnen ließe, eine Kabarettistin mit einem Witze-Portfolio wie Eckhart zu verteidigen, ist die im Williams-Brief kritisierte Cancel-Culture nicht identisch mit der Cancel-Culture, die Matuschek und Konsorten bejammern. Sein Text ist eine Mahnung, weniger eine Anklage voller Selbstgerechtigkeit. Die deutsche Seite wendet sich gegen den »Sieg der Gesinnung über rationale Urteilsfähigkeit« – doch genau das sieht Williams nicht zuletzt bei Trump und seinen Anhängern als Problem. Ein Problem somit auch für die Demokratie und eben den freien öffentlichen Diskurs als Ganzes. Das ist verschieden von den rechtskonservativen Vordenkern, die sich allerorten zensiert fühlen, obgleich sie mit ihrer Variante des Briefs in den großen deutschen Tageszeitungen ein – zu Recht kritisches – Echo auslösen. Ihre Positionen haben allerdings mit den Positionen von Applebaum oder auch Louis Begley und Michelle Goldberg wenig gemein.

Dieses Beispiel sei eingangs genannt, um klarzumachen, dass Eins-zu-eins-Übernahmen – gleich welcher politischen Couleur – problematisch sind. Geschieht es aus Berechnung, ist es umso kritischer zu sehen, doch auch in bester Absicht nicht empfehlenswert. Wenn wir über die potenzielle Übertragbarkeit der weiter oben skizzierten Diskurseigenschaften sprechen, welche derzeit in den USA ihre Kräfte entfalten, geht es also nicht ums Kopieren. Dies gilt trotz aller Parallelen, die moderne demokratische Gesellschaften des Westens aufweisen mögen, insbesondere, wenn man sie mit alternativen Gesellschaftsentwürfen wie dem strikt autokratischen Russland oder dem Zensur-geprägten China vergleicht. Eine direkte Anwendung der in diesem Buch gemachten Beobachtungen zum öffentlichen Diskurs der USA auf hiesige Verhältnisse ist weder beabsichtigt noch sinnvoll. Sie wäre auch schwerlich machbar; jede Gesellschaft hat ihre eigenen Diskursdynamiken, Wertsetzungen, Konfliktlinien und Kulanzvorstellungen. Viele der vorgestellten Initiativen haben aus guten Gründen in ihrer jeweils spezifischen Form ihren Ausgang in Amerika genommen. Das heißt umgekehrt keineswegs, dass wir sie ignorieren sollten. Der beste Weg ist die situationsgerechte Übertragung für unsere Zwecke, inklusive der notwendigen Anpassungen: was die Situation in Deutschland betrifft, und nicht zuletzt, weil die Zeit niemals stillsteht. Was vor fünf Jahren in den USA seinen Anfang nahm, bedarf heute womöglich bei uns einer Überholung.

Drei Voraussetzungen sollten erfüllt sein, wenn wir von den Entwicklungen im öffentlichen Diskurs der größten Demokratie der westlichen Welt profitieren wollen. Erstens, wir müssen richtig einordnen, was in den USA passiert. Gerade von denjenigen, die sich in Deutschland für neue Ideen im US-Diskurs erwärmen können, wird häufig übersehen: Progressives Denken ist in den USA primär auf das eigene Land ausgerichtet. Die jungen amerikanischen Progressiven singen nicht die Internationale, und selbst bei den Problemen, die sich offenkundig nicht um Landesgrenzen scheren wie die Schädigung der Umwelt, der fortschreitende Klimawandel, die sexuelle Belästigung von Frauen oder der noch immer grassierende Rassismus in modernen Gesellschaften, will man in erster Linie die Situation zu Hause verbessern. Progressives Denken richtet sich zunächst auf nationale Belange, auf ein neues Bewusstsein und eine Neu-Sortierung des öffentlichen Diskurses im eigenen Land. Solidarität von anderswo wird dankbar angenommen. Aber die eigene Arbeit gründet sich doch auf die alte Vorstellung von der Ausnahmestellung Amerikas, der exzeptionellen Nation, die in der Folge Speerspitze bei Neuerungen und Inspiration für andere ist. Eine Folge hiervon ist eine hohe Fokussierung und damit Effektivität im Diskurs. Wir können uns in Deutschland diesen Zugang nicht leisten, schon weil wir ungleich kleiner und dabei ungleich mehr auf unsere Umgebung in der westlichen Hemisphäre angewiesen sind als die USA. Für unsere einmalige Chance, sich in der US-Debatte quasi kostenlos und risikofrei umzusehen, spielt dies keine Rolle. Einmalig deshalb, weil Deutschland als zweite große westliche Demokratie in der ›richtigen Distanz‹ zu den USA steht: nah genug dran, um dortige Entwicklungen erfassen und nachvollziehen zu können, weit genug entfernt, um sie aus kritisch-informierter Warte zu durchleuchten und ggf. angepasst zu übernehmen. Damit steht uns die beste aller Welten offen: Inspiration (auch) von außen, Umsetzung nach innen anhand für uns optimaler Maßstäbe.

Die zweite Voraussetzung, wenn es um die Übertragbarkeit von aktuellen amerikanischen Diskursdynamiken geht, hat zunächst einmal gar nichts mit Amerika zu tun. Deutschland muss die Debatte über die eigene Identität noch viel breiter und offener führen als bisher. Das gilt im Innen- wie Außenpolitischen. Selbst bei den offenkundig notwendigen und derzeit prominent geführten Diskussionen, etwa zur Identitäts- oder Geschlechterpolitik, besteht die Gefahr, dass sich die Diskussion auf einzelne Aspekte oder Gesellschaftsgruppen verengt. Dadurch besteht für andere Gesellschaftsgruppen nicht mehr zwingend die Relevanz oder Notwendigkeit, sich einzubringen. Andere Felder, wie die Außen- und Sicherheitspolitik Deutschlands im 21. Jahrhundert, kommen erst dann aufs Tablett, wenn der Tisch, auf dem das Tablett liegt, schon lichterloh brennt, wie im Fall der russischen Invasion in der Ukraine. Um auf diesen Feldern voranzukommen, ist Inspiration von außen notwendig. Dazu gehört aufseiten deutscher Linker und Progressiver, ihr Amerikabild zu überdenken und sich von ihrem intuitiven (teils moderaten, teils ausgeprägten) Anti-Amerikanismus zu lösen – der oftmals parallel zu einem allzu kritiklosen Blick auf Russland verläuft, wie zuletzt in der Ukraine-Krise überdeutlich wurde. Das Problem besteht darin, dass häufig die US-Regierung mit der US-Bevölkerung gleichgesetzt wird (ein Mechanismus, gegen den man sich in Deutschland empört verwahrt, sobald ihn Außenstehende anwenden). Wenn wir echte Inspiration erfahren wollen, und dies zum eigenen Nutzen, sollte insbesondere die junge Generation deutscher Progressiver sich die Mühe machen, sich mit der jungen Generation amerikanischer Progressiver zu befassen, eine Generation, die sich zudem personell wie konzeptionell von der alten Linken à la Noam Chomsky, Howard Zinn und Angela Davis unterscheidet. Es geht nicht primär darum, sich eine bestimmte politische Weltsicht zu eigen zu machen. Wir sollten nur vermeiden, Neuerungen im Diskurs in ihrer Gänze zu verpassen, weil man aufgrund einer politischen Weltsicht von vornherein Berührungsängste hat.

Die dritte Voraussetzung, sich konstruktiv mit dem US-Diskurs auseinanderzusetzen, besteht darin, zu erkennen, dass sich unsere Gesellschaft mit ähnlichen Herausforderungen konfrontiert sieht wie die US-amerikanische, nur eben mit der bereits zuvor erwähnten zeitlichen Verzögerung. Dieser Punkt ist nicht banal. Denn anstatt einige kritische Entwicklungen in der US-Gesellschaft wie den virulenten Rassismus als ernsthafte Warnung für mögliche hiesige Zustände zu begreifen und also rechtzeitig ins Handeln zu kommen, prangern viele prominente Stimmen im deutschen Diskurs lieber die Missstände in den USA an; Amerika-

Bashing verkauft sich in Deutschland nach wie vor gut. Wir müssen von unserem hohen moralischen Ross herunterkommen, auf dem es sich so bequem sitzt, und uns selbst genauer unter die Lupe nehmen. Auf die womöglich entscheidende Frage für heutige Gesellschaften, diejenige nach der eigenen fluiden Identität, komme ich im Schlusskapitel kurz zu sprechen. Sie bildet gegenwärtig den Kern konstruktiver – oder eben destruktiv verlaufender – Diskursdebatten in allen westlichen Demokratien. Ein Grund mehr, in einer global vernetzten Welt Antworten hierauf in gegenseitiger Inspiration zu suchen statt in Diskursforen nationaler Abschottung.

Sobald die hier erläuterten drei Voraussetzungen erfüllt sind, steht einer transatlantischen Öffnung gegenüber neuartigen Ansätzen, anhand derer wir unseren öffentlichen Diskurs weiter verbessern können, nichts mehr im Wege. Ein progressiver Impuls, wie ihn der US-Diskurs derzeit erlebt, ist auch hierzulande bereits vielversprechend präsent. Ob er weiter an Bedeutung gewinnt und ob dies auf einer eher abstrakten Ebene als Inspirationsmodell oder in konkreter Anwendung erfolgt, bleibt abzuwarten. Zuversichtlich stimmen in jedem Fall die offenkundigen Parallelen zwischen den beiden größten westlichen Demokratien. Zunächst befinden sich die USA und Deutschland in derselben Hemisphäre, nicht nur geografisch, sondern vor allem auch historisch-kulturell; die USA in ihrer heutigen Form sind einst aus der europäischen Kultur hervorgegangen. Dies gilt vor allem für die Ideengeschichte, für Vorstellungen, die US-amerikanische Denker bezüglich ihrer Gesellschaft und Formen des modernen Zusammenlebens entwickelt haben. Nicht zuletzt die Vertreter des Progressivismus ließen sich von deutschen, englischen und französischen Strömungen der europäischen Aufklärung auf dem Feld der Kultur und Ökonomie beeinflussen; einige von ihnen verbrachten Zeit an deutschen Universitäten. Wenn einige Ideen aus dem US-Progressivismus nun ihren Weg zurück über den Atlantik nach Zentraleuropa fänden, schlösse sich ein Kreis im Westen, der vor rund einhundertzwanzig Jahren seinen Anfang nahm.

Eine zweite, verwandte Parallele liegt in der politischen Diskurskultur, wie sie sich seit Jahrzehnten und Jahrhunderten (mit Unterbrechungen) im transatlantischen Raum entwickelt hat. Der ›Westen‹, wie ich in meinem Buch *Game Over* aufzeige, war immer auch eine imaginierte Gemeinschaft auf Grundlage geteilter Wertvorstellungen (um die berühmte Formel Benedict Andersons abzuwandeln). Das ist nicht mit Übereinstimmung oder transatlantischer Harmonie zu verwechseln. Doch insbesondere seit der Jahrtausendwende und der Außenpolitik der USA in Folge der Terroranschläge vom 11. September gestaltet sich die transatlantische Debatte auch deshalb so intensiv und streckenweise extrem kontrovers, weil es dies beiden Seiten ›wert‹ ist. Das Ringen um eine gemeinsame, oder zumindest für beide Seiten akzeptable Position zu den großen Fragen im Außen-, Sicherheits- und Handelspolitischen unserer Zeit wäre längst eingestellt, wüssten beide Seiten nicht, dass es sich lohnt, nach eben dieser gemeinsamen Mitte zu suchen. Erst seit im Abgleich hierzu relativ kurzer Zeit, aber bereits in bisher ungekanntem Ausmaß, suchen wir nach dieser Mitte auch und vor allem in der digitalen Arena, auf den Plattformen der Tech-Giganten der Social-Media-Branche. Bei allen Risiken, was die Nutzung dieser Plattformen betrifft, sind sie allgegenwärtig, allzeit verfügbar, flexibel nutzbar, in ihren Vernetzungskapazitäten konkurrenzlos – und samt und sonders amerikanische Erfindungen. Google, Facebook, LinkedIn, Zoom und viele mehr sind gewinnorientierte Unternehmen, die global expandieren. Es geht um Gewinnmaximierung, nicht um westliche Ideale. Und doch sind sie allesamt im Westen entstanden und haben daher die gemeinsame westliche Diskurskultur des 21. Jahrhunderts entscheidend mitgeformt.

Die dritte Parallele besteht darin, dass wir uns als westliche Demokratien ähnlichen Herausforderungen seitens Dritter gegenübersehen: Russland, im Rahmen seiner Großmachtfantasien, die es ab Anfang 2022 gewaltsam gegenüber der Ukraine durchzusetzen versucht, China, aber auch andere Länder im Bannkreis autoritärer Machtvorstellungen wie Brasilien und Indien hinterfragen das vermeintliche Ende der Geschichte seit Jahren radikal. Der Sieg liberaler demokratischer Gesellschaften im Wettlauf der Systeme ist längst nicht ausgemacht; die Herausforderer setzen zunehmend selbstbewusst ihre alternativen Modelle dagegen, ohne Rücksicht auf große Teile der eigenen Bevölkerung. Womöglich etwas martialisch – angesichts der Kriegshandlungen in der Ukraine in diesem Jahr aber wohl einfach an den harschen Realitäten entlang – formuliert könnte man sagen, wir haben einen vergleichbaren Handlungsdruck bei vergleichbarer ›Frontstellung‹.

Um nach außen entschieden für ein freiheitliches und demokratisches Gesellschaftsmodell eintreten zu können, wenn es wirklich darauf ankommt wie seit Februar 2022, brauchen wir einen robusten öffentlichen Diskurs nach innen. Wir müssen uns im demokratischen Schlagabtausch über die eigene Identität klarwerden. Dann sind wir auch glaubwürdig gegenüber anderen, die nicht an einen demokratischen Diskurs glauben wollen. Und wichtiger: ein Orientierungspunkt für diejenigen, die innerhalb autoritärer Systeme für einen freien und transparenten Meinungsbildungsprozess kämpfen, teils bei Gefahr für Leib und Leben. Die Parallelen zwischen den USA und Deutschland wahrzunehmen und ihr Potenzial zu sehen, heißt auch, die eigene mögliche Zukunft in den Zuständen zu erkennen, mit denen Amerika schon heute zu kämpfen hat. Die Betonung liegt auf ›mögliche‹; ähnlich wie für Ebenezer Scrooge in Dickens' Weihnachtserzählung schreibt sich der Fortgang der Geschichte immer erst in dem Moment, in dem die Geschichte gelebt und gestaltet wird.

> »Reaching out for something you've got to feel,
> while clutching to what you had thought was real.
> What the hell.«
> Metallica

TEIL III
BÄUME PFLANZEN.
PROGRESSIVER DISKURS IN DER PRAXIS:
RISIKEN UND CHANCEN

Eine indische Parabel erzählt, wie eine Gruppe Blinder auf einen Elefanten trifft. Naturgemäß hat keiner von ihnen das Tier je zu Gesicht bekommen. Ihre Vorstellung von einem Elefanten besteht in dem, was sie mit ihren Händen erspüren. Da jeder von ihnen den Dickhäuter an einer anderen Stelle anfasst, hat auch jeder ein völlig verschiedenes Bild davon, was einen Elefanten ausmacht: die rissige Haut, der Rüssel, die Stoßzähne. Wieder andere kennen nur die riesigen Ohren. Niemand aus der Gruppe kann die tatsächliche Größe des Elefanten erahnen. Weil jedoch alle ihre Vorstellung für die einzig wahre halten und sogar davon ausgehen, dass die anderen ihnen bewusst falsche Fakten liefern, kommt es zum Streit und schließlich zu einer Schlägerei (als äußerst sensibles Tier hat sich der Elefant zu diesem Zeitpunkt wohl bereits aus dem Staub gemacht).

Die Erzählung ist zweieinhalbtausend Jahre alt. Und doch beschreibt sie treffend unsere polarisierte Gesellschaft zu Beginn der 2020er-Jahre. Jeder sieht etwas anderes, sehr viele lassen die Sichtweise der anderen nicht mehr länger gelten. Die eigene

Haltung wird absolut gesetzt. Manches Mal scheint der Weg in den Hulk-Diskurs unausweichlich. Geben wir uns keinen Illusionen hin: In den USA wie in Deutschland ist dies die Ausgangssituation für alle, die sich zum Ziel setzen, den modernen progressiven Diskurs umfassend in die Praxis zu überführen. Ihn gewinnbringend für die Gesellschaft in ebendieser Gesellschaft zu etablieren, zu einem Teil von ihr und zum bestimmenden Kommunikationsmodus zu machen. Zweifellos wäre dies schon unter günstigeren Umständen ein gewaltiges Vorhaben, zu einer Zeit, in der die Welt keine Pandemie durchlebt, Amerika nicht mit der ewigen populistischen Versuchung namens Trump zu kämpfen hat, Europa sich nicht mit dem Schock der russischen Invasion in ein souveränes Land konfrontiert sieht. All diese Herausforderungen sind jedoch real, und sie bestehen gleichzeitig. Weitere kommen derzeit hinzu, etwa steigende Rohstoffpreise, die Inflation und die kostspieligen Konsequenzen aus dem zähen Kampf gegen den Klimawandel. Der wachsenden politischen Bewusstheit von Teilen der jungen Generation steht ein großer Bevölkerungsanteil gegenüber, der in seinem Leben mit Politik abgeschlossen hat.

Somit ist die Frage legitim: Was soll das alles? Lässt sich der öffentliche Diskurs von neuen Impulsen formen, wie sie oben vorgestellt wurden? Lässt er sich dergestalt in eine andere Richtung lenken, mit frischen Farben versehen? Die in diesem Buch gemachten Überlegungen zum Wesen des progressiven Diskurses in den USA auch bei uns zur Anwendung zu bringen, ist ein aufwendiges und zeitintensives Unterfangen. Das gilt selbst dann, wenn es nur um die Anwendung einzelner Aspekte geht und nicht um eine vollumfängliche Erfassung. Möglich ist es dennoch allemal. Zudem ist es geboten, wenn man sich besieht, wie schnell sich die Welt vor unseren Augen verändert, oder genauer: es demokratiefeindliche Kräfte von außen auf fundamentale Veränderungen anlegen. Wir können das Wesen des öffentlichen

Diskurses verändern, und wir sollten hierbei zuversichtlich sein, es liegt in unserer Natur, wie Susan Sontag einst bemerkte: »Wer wären wir, wenn wir nicht fähig wären, zu lernen? [...] Etwas anderes zu werden als das, was wir sind?«

Allerdings sprechen wir immer von der Annäherung an ein Ideal. Die Übertragbarkeit der vorgestellten Beobachtungen auf den öffentlichen Diskurs in Deutschland ist machbar – und wird faktisch in Teilen und in begrenzten Zirkeln des Diskurses bereits praktiziert –, aber machbar bedeutet nicht dasselbe wie perfekt. Es bedeutet nicht einmal durchgängig und in jeder gegebenen Situation anwendbar. Machbar heißt: den Versuch wert. Wir brauchen einen Weg, das Abgleiten in den Hulk-Diskurs zu verhindern. Dabei ist es illusorisch, den Charakter des Diskurses einfach bestimmen zu wollen. Mit einem Stoppzeichen ist es nicht getan, so lässt sich das rasende Diskursmonster nicht aufhalten.

Vielversprechender ist da schon die strategisch kluge Umleitung auf einen Weg, der Raum für Kontroverse lässt und trotzdem weiter nach vorne führt. Gelingt dies, ist schon viel erreicht. Der öffentliche Diskurs ist menschengemacht, er lässt sich nicht in Gänze berechnen. »Im echten Leben, das versichere ich Ihnen«, sagt Fran Lebowitz, »gibt es so etwas wie Algebra nicht.« Sie hat Recht. Allerdings ist der öffentliche Diskurs in den westlichen Demokratien, die sich immer weiter ausdifferenzieren und auch von außen unter Spannung gesetzt werden, vielleicht der eigentliche Wesenskern, der diese Gesellschaften noch auf Dauer zusammenhalten kann.

Wenn wir uns also fragen, wie sich die Vorzüge des progressiven öffentlichen Diskurses hierzulande möglichst effektiv zur Anwendung bringen ließen, können wir dies zunächst einmal schlicht als Chance zur Schadensbegrenzung betrachten: Diese Diskursform sorgt besser als andere dafür, dass sich das Risiko einer Hulk-Debatte verringert. Ähnlich verstehen Amy Gutmann und Dennis Thompson generell den Wert öffentlicher Debatte, zunächst unabhängig von einer bestimmten Ausrichtung wie etwa progressiv oder konservativ. Ihr Buch *Democracy and Disagreement* ist über 25 Jahre alt, aber es behandelt Herausforderungen, die uns auch heute beschäftigen. Schon im Untertitel stellen Gutmann und Thompson klar, dass »moralische Konflikte in allem Politischen nicht vermieden werden können«. Ihrer Bestandsanalyse folgt die Ansage, dass sich der Schaden, den solche Konflikte potenziell für die Gesellschaft verursachen, aber durchaus im Rahmen halten lässt – und dass das konstruktive Verhandeln von Konflikten faktisch alle Beteiligten voranbringen kann. Eine Einschätzung, der sich viele der jungen Progressiven im Diskurs heute anschließen.

Gutmann und Thompson argumentieren entlang der Vorstellungen zur deliberativen Demokratie, wie sie der deutsche Philosoph Jürgen Habermas entworfen hatte: Selbst wenn Bürger in moralischen Belangen unterschiedlicher Meinung sind, sollten sie in der Lage sein, auf rationaler Ebene weiterhin verschiedene Lösungsansätze auszudiskutieren. Am Ende können sie so zu für alle akzeptablen Entscheidungen kommen. »Wir glauben nicht«, so die Autoren pragmatisch, dass alle »Kontroversen gelöst sein müssen, bevor deliberative Prinzipien als Leitlinie für eine praktizierte Demokratie fungieren können« (GUTMANN/THOMPSON 1997: 2).

Gleichzeitig, und auch das eine Parallele zu den führenden Stimmen im progressiven Diskurs unserer Tage, erkennen Gutmann und Thompson ohne Umschweife an: Es gibt einen veritablen Unterschied zwischen akademischer Diskussion und praktischer Anwendung. In der Breite der Bevölkerung wird die Idee deliberativer Demokratie anders gelebt als sie an der Universität gedacht wird. Ehrlicherweise verorten die beiden Akademiker das Problem auf akademischer Seite, schlicht deshalb, weil akademische Diskussion nicht darauf abzielen müsse, »eine praktische Entscheidung zu rechtfertigen« (ebd.: 3). Das heißt auch: Ein deliberativer Meinungsbildungsprozess im öffentlichen Diskurs wird »unvermeidlich fehlerbehaftet« sein, das gehört dazu und macht den Unterschied zwischen dem Modell und seiner Ausführung aus (ebd.).

Wie sieht demnach öffentlicher Diskurs aus, der das Schlimmste verhindert: einen außer Kontrolle geratenden Hulk-Streit, der am Ende auf allen Seiten nur Diskurs-Versehrte zurücklässt? Gutmann und Thompson arbeiten sich an ihrer Antwort ein ganzes Buch lang ab; am Ende fällt diese Antwort vermeintlich recht schlicht aus: Alle Mitglieder einer demokratischen Gesellschaft sollten möglichst »miteinander beratschlagen, auf moralische Übereinstimmung abzielen wo möglich, und gegenseitigen Respekt wahren, wo dies nicht möglich ist« (ebd.: 346). Vielleicht ist die Wahrheit ja wirklich so einfach? Doch scheinen die Autoren zu ahnen, dass man als Leser angesichts dieses Vorschlags seltsam unbefriedigt zurückbleibt, zu abstrakt wirkt des Rätsels Lösung. Zunächst fügen sie daher erneut an, dass zwar »das Ideal deliberativer Demokratie schon lange als solches anerkannt« würde, es aber bisher immer »mangelhaft umgesetzt« worden sei, und zwar »in der Praxis wie in der Theorie« (ebd.). Entscheidend ist aber ihre abschließende Bemerkung. In erster Linie käme es darauf an, ob man »die Demokratie sicher für Deliberation machen« könne (ebd.: 347). Das klingt sehr danach, dass in den westlichen Demokratien eine Menge Sicherungen eingebaut werden müssen, bevor man das Experiment Deliberation wagen kann. Rahmenbedingungen müssen stabil gesetzt sein, andernfalls steht bei einem allzu kontroversen Meinungsbildungsprozess der Zusammenhalt der Demokratie als solcher auf dem Spiel. Schließlich kann niemand garantieren, dass die an der Deliberation Beteiligten sich tatsächlich an das Habermas'sche Ideal rationaler Debattenführung halten, erfahrungsgemäß ist es sogar bei vielen eher unwahrscheinlich.

Dennoch argumentieren Gutmann und Thompson ebenso lapidar wie schlagend, dass wir am Ende gar keine Wahl haben.

Wir sollten schon deswegen miteinander in einen deliberativen Aushandlungsprozess treten, weil die Alternative, Vorgaben von oben zu erhalten, schlechter wäre. Nicht nur würde sie weniger effektiv funktionieren, sondern wir würden damit auch unsere eigenen demokratischen Werte verraten. In diesem Sinn müssen wir den ernsthaften Versuch, sich in einem öffentlichen demokratischen Diskurs zu engagieren, schon als Teil der Lösung begreifen, egal, wie kontrovers und chaotisch dieser Diskurs ausfällt. Es ist nicht so, dass der öffentliche Diskurs auf einen bestimmten Punkt zuläuft, an dem eine Lösung erreicht – oder gar dauerhaft gesichert – ist. Eher verhält es sich umgekehrt: Solange der öffentliche Diskurs läuft, wird eine Lösung von Konflikten zumindest teilweise gelebt, weil man trotz allem miteinander im Austausch steht. Reißt der Diskurs ab, wie in Zeiten extremer gesellschaftlicher Polarisierung, ist die Gefahr für die Demokratie am höchsten: Dann hat das idealtypische Konzept den Bezug zur Wirklichkeit verloren.

Das Anliegen von Gutmann und Thompson ist in seinem Anspruch, möglichst von Anfang an die demokratische Gesellschaft in ihrer Breite abzubilden und alle demokratischen Bürger ›mitzunehmen‹, aller Ehren wert. Aus demselben Grund bleibt ihr Anliegen jedoch wenig greifbar. Dies gilt vor allem, wenn wir vom Konzept zu seiner Anwendung kommen. Es ist daher bemerkenswert, dass die Vordenker des klassischen Progressivismus in dieser Hinsicht schon vor rund einhundert Jahren konkreter wurden als die meisten ihrer Nachfolger auf verwandten Feldern der Demokratieforschung. Zumindest verlieren sie im besten pragmatischen Sinne die konkrete Anwendung ihrer Konzepte entsprechend der progressiven Ideengeschichte nie aus dem Blick. Der berühmte Philosoph und Pädagoge John Dewey gehörte lange Jahre dem Lehrkörper am Teachers College der Columbia Universität an, der ältesten und größten Lehrerbildungseinrichtung der USA. Wie Dewey in seinem Buch *Demokratie und*

Erziehung von 1916 betont, wird aus dem Konzept der Demokratie gelebte Praxis, wenn demokratischer Diskurs zum Alltag der Bürger gehört: Aus einem akademischen Konzept wird konkrete Erfahrung. Voraussetzung dafür, sich informiert in den Diskurs einbringen zu können, ist Bildung. Hochkarätige Lehrerbildung ist folglich elementar, denn gute Lehrer sind das Verbindungsglied zwischen Forschungswissen und seinem Transfer in die Breite der Gesellschaft. Was nur logisch klingt, ist an deutschen Hochschulen noch immer ein Randthema. Dabei durchlaufen alle zukünftigen Lehrer ein Studium; jedoch wird den Studierenden noch immer überwiegend Fachwissen vermittelt. Kaum eine Rolle spielt, wie sich dieses Wissen anschließend attraktiv an die junge Generation der Schüler weitervermitteln lässt. Genau diese effektive Verknüpfung von Fachwissen und Fachdidaktik war ein Kernanliegen der progressiven Vordenker um Dewey.

Dewey selbst geht noch weiter, wenn er sagt, dass wir nur über den öffentlichen Diskurs der eigentlichen Idee der Demokratie überhaupt gerecht werden: Nämlich, dass wir als Bürger nicht auf bloße Ziffern zu reduzieren sind, die alle paar Jahre zur Urne gebeten und anschließend maschinell hochgerechnet werden. Vielmehr, so Dewey schon 1888 in *Democratic Ethics*, sind wir alle gestaltende Individuen – ein Grund mehr, sicherzustellen, dass allen eine gute Informationsgrundlage zur Verfügung steht. Allzu häufig jedoch, stellt Dewey besorgt klar, wird Demokratie »überwiegend auf ein arithmetisches Problem« reduziert (DEWEY 2006: 73). Mit dieser »abstrakten und rein mechanistischen« (ebd.) Einordnung der Demokratie und ihrer Beteiligten hat Dewey ein Problem, denn jeder Mensch lebt seine Rolle in der Gesellschaft entlang seiner persönlichen Eigenschaften, seiner Präferenzen, seiner Wahrnehmung der Welt und so weiter. Dies geschieht unwillkürlich. Es bleibt jedoch unter der Oberfläche, wenn es keine Plattform gibt, um diese Entwicklungen abzubilden. Die Stimmabgabe am Wahltag ist lediglich sichtbarer

Ausdruck dessen, was sich über Monate und Jahre an Überzeugungen formt: in jedem einzelnen Fall »eine Manifestation einer bestimmten Tendenz des sozialen Organismus« als Ganzes, eine Tendenz, die »durch ein Mitglied dieses Organismus« sichtbar gemacht wird (DEWEY 2006: 74).

Deweys Gedankengang klingt zunächst recht abstrakt. Doch was er sagt, bezieht sich direkt darauf, wie der öffentliche Diskurs abläuft. Leistet er, wozu er gedacht ist, bildet der Diskurs sich entwickelnde Positionen und Stimmungen der Bürger frühzeitig ab. Anstelle alle paar Jahre im Gewand einer formalisierten Stimmabgabe werden die Wünsche, die Sorgen und Bedürfnisse der Menschen im öffentlichen Meinungsbildungsprozess sichtbar, und zwar fortlaufend. Damit können unliebsame Überraschungen wie eine Erstarkung des rechten Rands oder die Polarisierung der Gesellschaft als Ganzes nicht umfänglich vermieden, aber zumindest früher erkannt und bekämpft werden.

Ähnlich wie Dewey und wenige Jahrzehnte nach ihm argumentiert die progressive Ikone Mary Parker Follett in *The New State* (1918). Es lohnt sich laut ihr allemal, für einen vitalen öffentlichen Diskurs zu kämpfen, einfach weil er die realen Gegebenheiten in jeder Demokratie am besten abbildet. Follett geht davon aus, dass niemand komplett autark lebt; »wir wissen, dass kein derartiger Mensch existiert« (FOLLETT 2006a: 33). Vielmehr gelte sogar, dass der Mensch seine Rechte in enger Verbindung mit der Gesellschaft erwerbe, nicht »getrennt von der Gesellschaft oder unabhängig von der Gesellschaft« (ebd.). Follett will keinesfalls dem Individuum kategorisch seine Rechte absprechen (schließlich gebe es von ihr so bezeichnete ›himmlische Rechte‹, die jeder Mensch von Geburt an habe). Im Gegenteil möchte sie alle dazu ermutigen, für ihre Rechte im Rahmen der Gesellschaft zu kämpfen. Freiheit bemisst sich für Follett »nicht darin, wie viele Beschränkungen wir nicht haben, sondern darin, wie viele spontane Aktivitäten uns freistehen« (ebd.: 34). Nur im öffentlichen

Diskurs könne sichergestellt werden, dass diese Rechte und Freiheiten geachtet bzw. ihre Verletzung für alle sichtbar gemacht würden.

Folletts kämpferischer Ton und ihre Entschlossenheit, möglichst viele Menschen zur aktiven Gestaltung ihrer Umwelt zu motivieren, ist typisch progressivistisch. Auch sie gibt sich, wie vor ihr Dewey und beinahe ein Jahrhundert nach ihr Gutmann und Thompson, keinen falschen Hoffnungen hin: Es gibt einen klaren Unterschied zwischen dem, was wir unter der Idealform von Demokratie verstehen, und der tatsächlichen Form, die der demokratische Diskurs je nach Lage einnimmt. Der Fehler liegt laut Follett darin, Demokratie mit Gleichheit gleichzusetzen, und zwar Gleichheit so verstanden, dass wir uns alle möglichst ähnlich sein sollten, um als demokratische Gesellschaft gut zu funktionieren. »Demokratie besteht tatsächlich auf dem, was wir üblicherweise als Ungleichheit betrachten,« schreibt Follett, denn »(n)atürlich«, so die Autorin ironisch, »bin ich ›nicht genauso viel wert wie du‹ – das wäre eine ziemlich bedauerliche Welt, wenn dem so wäre, zumindest solange du auch nicht besser wärst als ich« (FOLLETT 2006a: 34).

Wahre Gleichheit besteht daher in etwas anderem, nämlich darin, dass ich im gleichen Maße meinen für mich passenden Platz in der demokratischen Debatte einnehme, wie dies alle anderen für sich tun. Es ist dies der Platz, welcher der Debatte als Ganzes am meisten nützt. Es geht also im öffentlichen Diskurs genau nicht darum, sich aus Prinzip möglichst weit anzunähern. Vielmehr sollten wir bewusst der konstruktiven Kontroverse Raum geben. Weil wir jedoch häufig Harmonie mit Übereinstimmung verwechseln, sind wir allzu schnell enttäuscht, wenn der Lösung zu einer kontroversen und komplexen gesellschaftlichen Frage nicht alle vorbehaltlos zustimmen; ein solches Ergebnis wird schnell als Manko gesehen. Das ist laut Follett gar nicht nötig, denn Demokratie ist für sie ohnehin eine »zentripetale Kraft«

(ebd.: 37), also etwas, das zum Zentrum hin verläuft und alle Mitglieder der Gesellschaft zusammenführt, einfach weil sie sich in den Austausch miteinander begeben und daher eine gewisse Offenheit teilen.

Zur Einordnung: Längst nicht alle Zeitgenossen Folletts denken derart fortschrittlich. Längst nicht alle trauen dem Individuum in der Gesellschaft zu Beginn des 20. Jahrhunderts derart viel zu. Follett ist ihrer Zeit weit voraus, denn für sie heißt moderne Demokratie, öffentlichen Diskurs zu wagen und potenziell allen Interessierten wie Betroffenen eine Stimme zu geben. Der österreichische Ökonom Joseph Schumpeter ist gänzlich anderer Meinung. Er ist überzeugt, »dass es den mündigen Bürger, der in Freiheit und Selbstbestimmung die Politik mitgestaltet, nicht gebe« (NEUMANN 1998: 62). Vielmehr sei es so, dass der Bürger, sobald er die politische Bühne betritt, wieder zum »Primitiven« werde. »Sein Denken wird assoziativ und affektmäßig« (Schumpeter zit. nach NEUMANN 1998: 62) – keine gute Voraussetzung für öffentlichen Diskurs, der nach akzeptablen Lösungen für alle sucht. Vor allem aber widerspricht diese grundskeptische Haltung, die Annahme, dass nur die allerwenigsten Bürger wirklich politisch zurechnungsfähig sind, einem progressiven Grundsatz: dem Streben, die Gesellschaft als Ganzes voranzubringen – und zwar unter Beteiligung möglichst vieler aus dieser Gesellschaft.

Spätestens aufgrund der Erfahrungen der jüngeren Vergangenheit kann man womöglich argumentieren, dass Schumpeters Bedenken nicht kategorisch von der Hand zu weisen sind. Anders ist für viele weder der Sieg Trumps 2016 noch der Einzug der AfD in den Bundestag und schon gar nicht die große Welle an Verschwörungsmythen im Rahmen der Pandemie zu erklären. Doch muss man sich vor Augen halten, was es nach Schumpeter logisch beinhaltet, ganzen (großen) Teilen der Gesellschaft ihre rationale Urteilskraft abzusprechen. Denkt man diese Logik zu Ende, ist Demokratie nur noch, so die Sicht Schumpeters, eine »politische

Methode«, »eine gewisse Art institutioneller Ordnung« (Schumpeter zit. nach NEUMANN 1998: 62), sie hat also per se nichts mit Inhalten oder einem fundierten Werteverhältnis zu tun. Es geht nicht einmal mehr um bestimmte Ziele, die Menschen damit erreichen wollen, sondern nur darum, eine Gesellschaft durch Regulierung von oben vor dem Chaos zu bewahren.

Offensichtlich führt Schumpeters illusionsloser Ansatz, der bei genauerer Betrachtung fatalistisch und ohne den Glauben an die Möglichkeit von Fortschritt ist, in eine Sackgasse. Eine derart mechanistische Charakterisierung von Demokratie erlaubt keine Kreativität, keinen Freiraum, in dem sich Gedanken entwickeln und im kritischen Austausch mit anderen entfalten können. Nach progressiver Überzeugung hingegen ist Diskurs an sich schon ein demokratischer Wert. Und zwar ausdrücklich inklusive der Irrungen und Wirrungen, die ein Diskurs notwendigerweise mit sich bringt, der auch Teilnehmer zulässt, die weniger gut informiert oder hoch emotional an die jeweilige Sache herangehen. Das ist der Preis, den ein inklusiver öffentlicher Diskurs immer wieder zu zahlen hat (wie oben besprochen kann der Preis nicht beliebig in die Höhe getrieben werden; genauso wenig darf es sich aber um eine ›diskursive Planwirtschaft‹ handeln). Und es ist die Grundvoraussetzung, dass Demokratie in einem zweiten Schritt auch auf Ebene der gewählten Vertreter gut funktionieren kann: Eine gesunde gesellschaftliche Debatte bietet die Voraussetzungen – nicht die Garantie – für gesunden institutionellen Streit der Repräsentanten. Sicher ist, dass dort getroffene Entscheidungen auf höhere Akzeptanz und überhaupt Interesse bei den Bürgern (und damit Wählern der Repräsentanten) treffen, wenn Institutionen als Fortsetzung öffentlicher Meinungsbildung begriffen werden, und nicht umgekehrt.

Es ist ermutigend zu sehen, dass in sehr viel jüngerer Vergangenheit manche Denker unserer modernen demokratischen Gesellschaft sehr viel mehr zutrauen als dies bei Schumpeter der

Fall war. Sie haben dabei explizit die praktische Umsetzung ihrer Konzepte im Blick; während diese theoretisch fundiert sind, wird ihre Validität nicht zuletzt daran gemessen, ob sie sich in der gesellschaftlichen Praxis bewähren (würden).

Der amerikanische Politikwissenschaftler Benjamin Barber wartet 1984 in seinem Buch *Strong Democracy: Participatory Politics for a New Age* mit einem verwegenen Vorschlag auf. ›Starke Demokratie‹ ist laut Barber immer ›partizipatorische‹ Demokratie, und zwar umfänglich und bis nach ganz ›unten‹; die politischen ›Amateure‹ in jeder Gesellschaft müssen involviert sein. Barber zeigt sich skeptisch gegenüber der repräsentativen Demokratie, wo gewählte Berufspolitiker die Geschicke aller führen. Stattdessen will er darauf hinarbeiten, Demokratie so direkt wie möglich zu gestalten und möglichst viele zwischengeschaltete Einheiten aus dem Prozess zu nehmen: gewählte institutionelle Vertreter auf lokaler, regionaler, überregionaler und Bundesebene müssen die Sinnhaftigkeit ihrer jeweiligen Funktion nachweisen, andernfalls sollten Bürger in der direkten Demokratie ihre Entscheidungen ohne sie fällen. Barber will damit nicht sämtlichen repräsentativen Ämtern ihre Berechtigung absprechen. Noch 30 Jahre später verfasst er ein Buch, in dem er eine von Bürgermeistern »regierte« Welt skizziert, welche laut ihm sehr effektiv funktionieren würde, weil Bürgermeister ungleich näher an der jeweiligen lokalen Wirklichkeit arbeiteten als etwa Abgeordnete auf Bundesebene. Jedoch macht Barber deutlich, dass sich die Politik von »Profis« und »Amateuren«, also interessierten und informierten Bürgern, die nicht im Hauptberuf Politik betreiben, ergänzen muss. Mit dieser progressiven Forderung befindet sich Barber noch heute in bester Gesellschaft bei der jungen Generation links-progressiver amerikanischer Abgeordneter in den Einzelstaaten und auf Bundesebene. Wie oben erläutert verstehen sich viele von ihnen als Bindeglied zwischen Berufspolitik und politisch Engagierten in der Breite der Gesellschaft.

Barbers Vorschläge, wie starke Demokratie aktiv gelebt werden kann, sind also nicht als Ersatz für klassische demokratische Institutionen wie Regierung und Parlament gedacht, sondern als Ergänzung, genauer: als sinnvolle Erweiterung. Es geht ihm nicht – wie mehrfach unterstellt – um die Revolution aller bestehenden Verhältnisse, sondern um die »Transformation etablierter politischer Machtbeziehungen« (SACK 2020: 679). Man kann an diesem Punkt bis heute die Trennlinie zwischen den Progressiven und dem radikalen linken Flügel im politischen Spektrum der USA festmachen, weil Anhänger des Flügels die Progressiven exakt hierfür kritisieren. Während dieser Ansatz aus Sicht der extremen Linken also in der Praxis nicht weit genug reicht, ist Barber in der Formulierung seiner Vorstellungen sogar noch vorsichtiger: Mehrfach macht er klar, dass es sich um ein konzeptionelles Ideal handelt, ein Modell, dessen gesamtgesellschaftliche Umsetzung noch einen weiten Weg bedeuten würde. Dennoch ist Barbers normativer Anspruch unverkennbar: Für ihn ist ›starke Demokratie‹ ein erstrebenswerter Soll-Zustand, der sich positiv vom Ist-Zustand der US-Gesellschaft der 1980er-Jahre abhebt.

Vierzig Jahre später nimmt auch die heutige Generation junger Progressiver in den USA für sich in Anspruch, Änderungen zum Besten der Gesellschaft zu proklamieren: Mehr partizipatorische Demokratie zu leben, und zwar über den öffentlichen Diskurs, bedeutet, das Risiko einer Entwicklung hin zum Hulk-Diskurs zu verringern. Aus der luftigen Höhe politischer Institutionen zu verfügen, wie die großen Fragen moderner Gesellschaften verhandelt und entschieden werden, erhöht hingegen die Wahrscheinlichkeit, dass sich ein Hulk-Diskurs entwickelt: nicht zuletzt aus dem Frust einzelner Gesellschaftsmitglieder heraus, die sich – teils zu Recht – nicht für voll genommen und in ihrer Autonomie beschnitten fühlen.

Barber nennt drei Kennzeichen einer ›starken Demokratie‹: eine »Form von Gemeinschaft, die nicht kollektivistisch« ist, eine »Form des öffentlichen Argumentierens, die nicht konformistisch« ist, sowie das Vorhandensein »einer Reihe bürgerlicher Institutionen, die mit einer modernen Gesellschaft vereinbar sind« (BARBER 1984: 146). Erneut spiegeln sich in diesen Formulierungen die Forderungen des modernen progressiven Diskurses. Nur in einer nicht-kollektivistischen Gemeinschaft kann die Unterschiedlichkeit der am öffentlichen Diskurs Beteiligten ihre gestalterische Wirkung entfalten, können unerwartete Ansätze und originelle Ideen entstehen. Nur wenn öffentliches Argumentieren nicht-konformistisch abläuft, besteht die Chance zum Wachstum, andernfalls bewegen sich alle Überlegungen immer innerhalb eingefahrener Denkmuster. Für Barber steht außer Frage, dass Individualismus einen Ideengenerator darstellt, und dasselbe gilt für die jungen Progressiven unserer Zeit.

Natürlich ist der Aufwand, dennoch für eine gemeinsame Verständigungsbasis zu sorgen, entsprechend höher, schließlich muss diese Basis bei jedem individuellen Vorschlag, der eingebracht wird, neu ausgehandelt werden. Doch sind hierfür ja die »bürgerlichen Institutionen«, die Barber nennt, geeignete Foren; ihre Repräsentanten stellen idealerweise den milieuübergreifenden Diskurs sicher, den kritisch-konstruktiven Austausch von Bürgern und den von ihnen gewählten Vertretern. Dennoch divergieren hier offenkundig Interessen immer wieder, teils massiv. Barber bleibt jedoch zuversichtlich. Aus seiner Sicht »transformiert« starke Demokratie »Uneinigkeit«, d. h., sie macht »aus Meinungsverschiedenheit einen Anstoß zu Gegenseitigkeit« (ebd.: 147). Es passiert laut Barber also nicht länger notwendigerweise, was bislang üblich war: Meinungsverschiedenheiten sorgen für tiefe Gräben zwischen den Lagern, die demokratische Öffentlichkeit polarisiert sich. Stattdessen, und das ist laut Barber der Clou bei der Sache, ändern sich »der Gehalt und die Richtung von Interessen [...], sobald sie partizipatorischen Prozessen dieser Art ausgesetzt sind« (ebd.: 148).

Barbers Verständnis von Kontroverse im öffentlichen Diskurs rief schon vor knapp vierzig Jahren mancherorts schneidende Kritik hervor. Ihm wurde abwechselnd vorgeworfen, naiv oder größenwahnsinnig zu sein. Vor allem seitens der Konservativen, welche in den USA der 1980er-Jahre die sogenannten ›Kulturkriege‹, die *culture wars*, zu einem Identitätsmerkmal für das eigene Lager hochstilisiert hatten, wurde Barbers vermittelnder Ansatz als Zumutung empfunden. Aus ihrer Sicht musste der Streit um die grundlegenden Wertvorstellungen der amerikanischen Gesellschaft in aller Härte ausgefochten werden. Nicht zuletzt sollte dabei der Staat die bis dato herrschenden Bedingungen der Debatte ›von oben‹ neu diktieren. Sinnbild hierfür wurde die Widerrufung der sogenannten ›Fairness-Doktrin‹ im Jahr 1987 unter Präsident Reagan. Jahrzehntelang hatte diese Vorschrift zuvor Rundfunk-Lizenznehmer dazu verpflichtet, »in angemessene(m) Umfang Gelegenheit (zu) geben für die Diskussion von gegensätzlichen Standpunkten zu Themen von öffentlichem Interesse«. Auf Basis einer folglich zumindest halbwegs ausgewogenen medialen Berichterstattung sollte sich ein öffentlicher Diskurs unter Berücksichtigung »gegensätzlicher Standpunkte« entwickeln können, so das Kalkül. Mit dem Ende der Doktrin ging auch dieser Anspruch zu Ende. Der Aufstieg von FOX NEWS zum führenden Medium im konservativen und rechtskonservativen Lager sowie der Siegeszug der Sinclair Broadcast Group in den 1980er- und 1990er-Jahren hängen unmittelbar mit der seitdem geltenden Rechtslage zusammen.

Heute hat sich die US-amerikanische Medienlandschaft in einem Ausmaß polarisiert, das damals kaum vorstellbar war. Rechts von FOX NEWS haben sich Foren wie das One America News Network (OANN), The Daily Caller oder InfoWars, seit jüngstem auch Trumps Media & Technology Group (TMTG) ein breites Publikum gesichert. Vor dem Hintergrund einer immer schärfer verlaufenden Auseinandersetzung im öffentlichen Diskurs und der Tatsache, dass

Millionen von Bürgern nur mehr ausschließlich einer einzigen medialen Quelle vertrauen und alles andere gezielt ausblenden, wirkt Barbers Diskurs-Konzept heute in der Tat stark idealisierend. Der fließende Übergang von abweichenden Meinungen zu persönlichen Beleidigungen bis hin zu tätlichen Auseinandersetzungen etwa bei Trump-Rallys ist auch in der deutschen Presse ausführlich dokumentiert worden; eine dermaßen aufgeladene Diskursatmosphäre schließt scheinbar das direktdemokratische Verhandeln von kontroversen Themen bis auf Weiteres von vorneherein aus.

Doch können wir es uns leisten, an diesem Punkt stehenzubleiben? Zumindest der strenge Blick, den Barber hellsichtig auf die Problematik der 1980er-Jahre wirft, hilft uns auch in den 2020er-Jahren weiter. Seine kritische Analyse damaliger gesellschaftlicher Dynamiken ist geradezu erschreckend aktuell geblieben. Unschwer ist zu erkennen, dass die Auswirkungen auf den öffentlichen Diskurs unvermindert präsent sind und sich teils gar potenziert haben. Dazu gehören die Exzesse des Neoliberalismus in allen Lebensbereichen moderner Gesellschaften, die nach Barber schon vor Jahrzehnten eine nach Markt-Maßstäben dominierte Diskurslandschaft erschaffen haben. Das Jahr, in dem Barber seine Krisendiagnose in Buchform veröffentlichte, ist das Geburtsjahr von Mark Zuckerberg. Vier Jahrzehnte später ist die Welt auch aufgrund der Tech-Giganten Facebook, Google, Apple und Amazon eine andere geworden. Klickzahlen, zukaufbare Zielgruppen, zielgruppengerechte Werbung, immer weiter ausdifferenzierte Algorithmen und ganz banal auch der Zugang zum Internet sind zu entscheidenden Faktoren im öffentlichen Diskurs unserer Zeit aufgestiegen. Bestimmte ›Megaphone‹, um die eigene Position in der Debatte flächendeckend kundzutun, können sich nur noch bestimmte Nutzer leisten; dies jedoch in lange Zeit ungekanntem Ausmaß.

Diese Entwicklung illustriert eindringlich für unsere Zeit eine weitere Beobachtung, die Barber für seine Zeit gemacht hatte:

Vormals begrüßens- und schützenswerte Eigenschaften, die Menschen gegenüber der Öffentlichkeit ihrer Gesellschaft an den Tag legten, haben sich auch durch diese Dynamik pervertiert. So verfällt laut Barber Toleranz zunehmend zu Apathie: Angesichts der unüberschaubaren Menge an Informationen, die den einzelnen Nutzer zuschütten, stumpft dieser ab und weiß sich nur noch in Gleichgültigkeit gegenüber den Äußerungen Dritter zu retten, selbst wenn diese Äußerungen absurd, irreführend oder gar menschenfeindlich ausfallen. Das Recht jedes Einzelnen auf Privatheit, das laut Barber selbstverständlich allen Mitgliedern einer demokratischen Gemeinschaft zusteht, wandelt sich in sein dunkles Spiegelbild, grenzenlosen Egoismus. Damit geht der Solidaritätsgedanke verloren, der bislang bei aller Kontroverse im öffentlichen Diskurs ein gewisses verbindendes Element darstellte (wobei, wie oben erläutert, diese Verbindung nicht in Übereinstimmung oder gar Harmonie bestehen muss und es faktisch häufig auch nicht tut, sondern im geteilten Interesse, im Diskurs voranzukommen).

Der Egoismus im Diskurs unserer Zeit manifestiert sich dabei besonders offenkundig – aber längst nicht ausschließlich – in den sozialen Medien, wo er die Form narzisstischer Selbstdarstellung annimmt. Im Kontext dieses Buches geht es hierbei weniger um exzessives Sich-selbst-Fotografieren, wobei Eitelkeit auch im öffentlichen Diskurs recht ungezügelt auftritt. Vielmehr ist zunehmend der Typ Narzisst anzutreffen, der sich zu einem beliebigen Streitthema nicht aus inhaltlichem Interesse, sondern ausschließlich aus Vermarktungsgründen bezüglich der eigenen Public Persona einbringt. Häufig wird prinzipiell eine konträre Position zum mehrheitlichen Standpunkt eingenommen, um das eigene Profil zu schärfen und die Social-Media-Karriere voranzutreiben. Mit echter Auseinandersetzung hat das nichts zu tun.

All diesen hier aus Platzgründen nur grob skizzierten Herausforderungen muss sich stellen, wer die Prinzipien eines modernen progressiven Diskurses auf die gesellschaftliche Realität westlicher Demokratien angewandt wissen will. Die Hürden hierfür sind im Vergleich zu Barbers Zeiten eher noch höher geworden. Doch selbst der grundoptimistische Autor von *Strong Democracy* hatte, wie er selbst schreibt, »kein grenzenloses Vertrauen in die Fähigkeit der Individuen, sich selbst zu regieren« (BARBER 1984: 146f.), soll heißen: ihre Belange verlässlich demokratisch untereinander auszustreiten. Dennoch wollte Barber nie vom Glauben an den Erkenntniswert des öffentlichen Diskurses lassen. Er blieb sein Leben lang von der ›Weisheit der Vielen‹ überzeugt. Dabei bildet sich diese »Weisheit« in den Augen Barbers immer wieder aufs Neue unterschiedlich aus. Niemals ist sie perfekt – und doch dürfen wir sie schon mangels besserer Alternativen keinesfalls verwerfen. Zurecht mahnt der amerikanische Journalist James Surowiecki, dessen Publikation *Die Weisheit der Vielen* als Titel trägt und im Anfangskapitel dieses Buches Erwähnung findet, dass gewisse Kriterien erfüllt sein müssen, wenn das funktionieren soll. Gruppenentscheidungen können (!) nur dann weise ausfallen, wenn ein ausreichendes Level an Diversität innerhalb der Gruppe besteht, sodass vielfache Perspektiven auf den Gegenstand zusammenspielen. Zudem brauchen die einzelnen Mitglieder der Gruppe (also z. B. einer Gruppe, die sich zu einem Streitthema im öffentlichen Diskurs zusammenfindet, weil alle direkt von diesem Thema betroffen sind) Raum für unabhängige Überlegungen. Unabhängig heißt hier: unabhängig von Gruppenzwang, sowie mit der Möglichkeit zur Distanzierung von dem Raum, in dem die Gruppe debattiert. Konkret bedeutet dies, dass beispielsweise eine Facebook-Zusammenkunft unter der Leitung von Mark Zuckerberg, der lediglich ein weiteres Dutzend durchschnittlicher Nutzer angehört, realistischerweise keine ernsthafte Debatte zu den Gefahren der Nutzung von Social Media führen könnte. Die Machtverhältnisse innerhalb der Gruppe sind hochgradig verzerrt und die kritische Diskussion soll sich ausgerechnet in dem Medium abspielen, um das es sich dreht. Verständlicherweise ist in einer solchen Gruppe zudem nicht genügend Vertrauen der Mitglieder untereinander in den Aushandlungsprozess vorhanden. Damit ist auch Surowieckis drittes Kriterium nicht erfüllt und die Chance auf einen konstruktiven Lösungsfindungsprozess äußerst gering.

Angesichts dieser Erkenntnisse ist die erste und wichtigste Einsicht bezüglich des progressiven öffentlichen Diskurses, dass er gleich mehreren Kriterien gerecht werden muss, wenn er eine Chance auf breite gesellschaftliche Akzeptanz haben will. Es ist elementar, dass der Diskurs inklusiv verläuft. Er muss so gestaltet sein, dass er Menschen dazu motiviert, sich einzubringen und überhaupt erst die Zeit und Mühe aufzuwenden, sich mit gesellschaftspolitischen Fragen auseinanderzusetzen. Darüber hinaus muss der Diskurs so direkt wie möglich (im Sinne Barbers) sein, damit den Beteiligten bewusst bleibt, dass es sich nicht um eine bloße abstrakte Debatte handelt, sondern vielmehr die eigene Existenz hiervon konkret betroffen ist. Gleichzeitig sollte der Diskurs auch moderiert sein, sodass die nötigen Impulse an der richtigen Stelle gesetzt werden. Eine informierte Moderation sorgt auch dafür, dass der Diskussionsprozess zuverlässiger in konstruktiven Bahnen verläuft. Nicht von ungefähr und nicht ohne gute Gründe reklamieren einige der im Buch zitierten öffentlichen Intellektuellen wie Cornel West oder Anne-Marie Slaughter eine solche moderierende Rolle im Diskurs für sich – wenn nicht explizit, so doch angesichts ihres öffentlichen Auftretens.

Die große Stärke des progressiven Diskurses, wie er sich derzeit in den USA entfaltet, besteht darin, die genannten (Erfolgs-)Kriterien gleichzeitig zu erfüllen, während andere Diskursansätze dies nur in Teilen leisten können. Kurz: Der progressive öffentliche Diskurs führt Menschen zusammen und bleibt dabei gleichzeitig immer anwendungsbezogen. Seine Modernität besteht dabei gerade in seiner historischen Verankerung. Sinnbildlich verkörpert wird der progressive Anspruch, die Kraft des neuen Denkens in die Kraft der Tat zu übersetzen, durch die legendäre Philanthropin und Frauenrechtlerin Jane Addams, die schon Ende des 19. Jahrhunderts ebenso entschieden wie pragmatisch für die Implementierung progressiver Ideen in der Gesellschaft kämpfte. Bis heute gilt sie vielen jungen Progressiven als Inspiration und Vorbild. In ihrem Essay *The Subjective Necessity of Social Settlements* von 1893 schreibt Addams, die mit dem *Hull House* eine ganze Siedlung für Einwanderer in Chicago gründete, dass wir allzu oft »zögern, unsere Philosophie in die Tat zu übersetzen« (ADDAMS 2006: 80). Dabei wissen wir es laut Addams eigentlich besser und fühlen uns folglich »unwohl, was die Aufrichtigkeit unserer besten Phrasen« (ebd.) angeht. Das lässt sich laut Addams beheben, wenn hinter jeder idealistischen Formulierung im Diskurs der ernsthafte Anspruch steht, die gesellschaftliche Realität nach vorne zu bewegen.

Die zu Beginn dieses Kapitels bereits zitierte Mary Parker Follett argumentiert ähnlich. Leidenschaftlich plädiert sie dafür, Demokratie konkret zu denken, das Konzept der Demokratie über das fortlaufende »Training demokratischer Bürger« (FOLLETT 2006b: 105) für alle Mitglieder der Gesellschaft erfahrbar zu machen. Laut Follett muss dieses Demokratietraining »schon im Krippenalter« beginnen, über die Schulzeit hinweg weiterlaufen und »immer weiter durch jede Aktivität unseres Lebens hinweg« (ebd.: 106). An dieser Stelle wird erneut deutlich, wie eng progressive Denker schon früh eine direkte Verbindungslinie zwischen Bildung und Demokratie ziehen: Bildung heißt Informiertheit, Informiertheit heißt kritische Autonomie, Autonomie heißt Mündigkeit, und Mündigkeit heißt die Fähigkeit zur aktiven Mitgestaltung, zur Partizipation in der Demokratie. Bildung ist somit elementare Voraussetzung für Debattenkompetenz, für das Ausstreiten von Ideen und die Gestaltung des Diskurses. Wenn das gegeben ist, passiert auch die Anwendung der Diskursergebnisse in der Praxis: ein geschlossener Kreislauf, den Addams mit dem Hull-House-Projekt in beeindruckender Weise vorgelebt hatte.

Führt man sich die gewaltigen Herausforderungen in den westlichen Demokratien unserer Zeit vor Augen, muss unser Interesse daran, diesen Kreislauf leben und weiter erstarken zu lassen, größer denn je sein. Innen- wie außenpolitisch ähneln sich viele dieser Herausforderungen, denen sich die Vereinigten Staaten und Deutschland gegenübersehen: der Schutz der Grundrechte und die Stärkung der Gleichberechtigung, der Kampf gegen Rassismus und die Versuchungen des Populismus gerade in Krisenzeiten, Wahlrechts- und Bildungsreformen, kritische Medienkompetenz in der Breite der Gesellschaft, Datenschutz und das Recht auf informationelle Selbstbestimmung und vieles mehr. Darüber hinaus grenzüberschreitende Aufgaben, die sich nur über internationale Kooperation angehen und womöglich lösen lassen: der Schutz der Umwelt, die Sicherstellung nachhaltiger Energieversorgung, eine humane wie verantwortungsvolle Antwort auf die Migrationsbewegungen in verschiedenen Teilen der Welt, die Bewältigung der Corona-Pandemie wie ihrer gesamtgesellschaftlichen Belastungen. Schließlich die brutale Herausforderung eines erneuten Krieges in Europa, den Russland mit der Invasion der Ukraine im Februar 2022 in unser aller Mitte getragen hat. Nie war der Handlungszwang für Deutschland auf der globalen Bühne in den letzten Jahren dringlicher und offensichtlicher. Europas stärkste Wirtschaftsmacht muss sich außen- und sicherheitspolitisch neu positionieren; die Umstände lassen uns keine Wahl: eine Selbstfindung, der sich Deutschland, der wirtschaftliche Riese und sicherheitspolitische Zwerg, lange verweigert hatte, und die nach einer umso ehrlicheren, umfassenden und im besten Sinne kontroversen öffentlichen Debatte verlangt. Gerade diese jüngste und äußerst harte Bewährungsprobe für die Demokratie entscheidet sich an der Qualität und Dimension des öffentlichen Diskurses: Was sagbar wird, kann auch in die Tat umgesetzt werden; das gilt, was das Potenzial der Demokratie betrifft, aber auch mit Bezug auf die Gefahren für die Demokratie, die aus falscher Kulanz im Diskurs erwachsen können.

In globalpolitischer Perspektive haben es die westlichen Demokratien, und allen voran die USA und Deutschland, in den 2020er-Jahren mit der großen Frage zu tun, welches Selbstverständnis als offene Diskursgesellschaften sie nach außen tragen wollen. Und zu welcher Selbstverpflichtung nach innen dies führt. Auf dem weltweiten Parkett der Gesellschaftsentwürfe haben sich längst alternative Modelle etabliert. Sie konfrontieren ›den Westen‹ als Wertegemeinschaft mit der dringlichen Aufgabe, das eigene Modell nachzuschärfen. Gleichzeitig gilt es gegenüber Dritten deutlich zu machen, weshalb die westliche Variante liberaler Demokratien zwar (noch) nicht das Ende der Geschichte darstellt, von dem Fukuyama geträumt hatte, wohl aber am nächsten an deren idealen Verlauf in Richtung freiheitlicher Gesellschaften heranreicht. Freiheit heißt dabei für Bürger in erster Linie die Freiheit zu streiten – und nicht trotzdem, sondern gerade deswegen zu einem elementaren Teil des öffentlichen Diskurses zu werden.

Das vorliegende Buch ist Teil der *Schriften zur Rettung des öffentlichen Diskurses*. Dabei gilt ebenso sehr: Ein gesunder und immer neu erstarkender öffentlicher Diskurs hat elementaren Anteil an der Rettung der Demokratie als Ganzes. Umso mehr in Zeiten, in denen autoritäre Versuchungen um sich greifen. Gesund ist ein Diskurs, wenn er in die Breite wirkt. Hierzu werden neue, originelle, zeitgemäße Ansätze benötigt, die vor allem die junge Generation ansprechen, und zwar bezüglich Inhalt und Dynamik. Ein gesunder Diskurs wirkt ebenso in die Tiefe. Wir dürfen uns nicht darüber hinwegtäuschen, dass die Form und Farbe, welche der Diskurs heute annimmt, darüber entscheidet, wie er morgen von Menschen geführt wird, die in Positionen gestalterischer Macht aufrücken: Wie wird die junge Generation zukünftig über unsere Gesellschaft, ihre Rolle darin und die Demokratien des Westens nachdenken? Und auch darüber, was ihr diese Demokratie wert ist? Diese Fragen sind Grund genug, die Mühe um den öffentlichen Diskurs auf sich zu nehmen. Selbst dann, wenn mancher Ertrag dieser Mühe uns nicht mehr persönlich zugutekommen wird, was daran liegt, dass sich Diskursdynamiken anhand aktueller Anlässe gelegentlich sehr rasch, häufig jedoch erst langfristig verschieben. Alle ehrlichen Anstrengungen in Sachen demokratischer Streit haben einen ebenso gegenwartsbezogenen wie zukunftsgerichteten Charakter: Sie sind damit im Wortsinn progressiv. Sie sind Ausdruck generationenübergreifender Solidarität, und sie sind nachhaltig.

Der indische Dichter und Philosoph Rabindranath Tagore bezog sich in seinem künstlerischen Schaffen gerne auf das griechische Sprichwort: »A society grows great when old men plant trees whose shade they know they shall never sit in.« Schon in der Antike ist demnach eine großartige Gesellschaft diejenige, die sich die Mühe macht, Bäume zu pflanzen, deren schattenspendende Kühle erst die nächste Generation wird genießen können. Und Tagore, einer der großen Universalgelehrten seiner Zeit und entschieden modern, geht sogar noch weiter. Für ihn stellt diese Einstellung den Ausgangspunkt dar, um den Sinn des Lebens an sich zu verstehen. Im Jahr 1913 wurde Tagore der Nobelpreis für Literatur verliehen; die Hochphase seines Schaffens fällt mit der Hochphase des Progressivismus in den USA zusammen, wenn auch der Lebensmittelpunkt des Dichters immer Indien war. Dort widmete er sich ein Leben lang seinem Anliegen, die Kunst seiner Heimat so zeitgemäß wie möglich zu machen, sie in die Gegenwart zu überführen, indem er sie von althergebrachten Formalisierungen und Konventionen zu befreien suchte. Tagores Anliegen spiegelt sich im Anliegen, das dem jungen progressiven Diskurs unserer Zeit sein einmaliges Profil verleiht, über einhundert Jahre später, in den westlichen Demokratien, im Jetzt. In unserem eigenen Interesse sollten wir alles tun, diesen Diskurs weiter wachsen zu lassen, ähnlich der Bäume bei Tagore, deren Schatten die nächste Generation zu schätzen wissen wird.

Literatur

ADDAMS, JANE: The Subjective Necessity of Social Settlements. In: EISENACH, ELDON J.: *The social and political thought of American progressivism*. 2006. S. 78-83

AGRIDOPOULOS, ARISTOTELIS; SEONGCHEOL KIM: Populismus. In: DAGMAR COMTESSE; OLIVER FLÜGEL-MARTINSEN; FRANZISKA MARTINSEN; MARTIN NONHOFF: *Radikale Demokratietheorie. Ein Handbuch*. 2020. S. 593-603

BARBER, BENJAMIN: *Strong Democracy: Participatory Politics for a New Age*. 1984

BARBER, BENJAMIN: *If Mayors Ruled the World*. 2013

BAUDRILLARD, JEAN: Videowelt und fraktales Subjekt. In: BAUDRILLARD, JEAN; HANNES BÖHRINGER; VILÉM FLUSSER; HEINZ VON FOERSTER; FRIEDRICH KITTLER; PETER WEIBEL (Hrsg.): *Philosophien der neuen Technologie*. 1989. S. 113-131

BELLAH, ROBERT; RICHARD MADSEN; WILLIAM M. SULLIVAN; ANN SWIDLER; STEVEN M. TIPTON: *The Good Society*. 1991

COMTESSE, DAGMAR; FLÜGEL-MARTINSEN, OLIVER; MARTINSEN, FRANZISKA; NONHOFF, MARTIN (Hrsg.): *Radikale Demokratietheorie. Ein Handbuch*. 2020

DEWEY, JOHN: *Demokratie und Erziehung*. 1916

DEWEY, JOHN: Democratic Ethics. In: EISENACH, ELDON J.: *The social and political thought of American progressivism*. 2006. S. 72-77

DIDION, JOAN: *Let me tell you what I mean*. 2021

EDITORIAL BOARD OF THE NEW YORK TIMES: America has a free speech problem. In: *The New York Times*. 18.3.2022. https://www.nytimes.com/2022/03/18/opinion/cancel-culture-free-speech-poll.html

EISENACH, ELDON J.: *The social and political thought of American progressivism*. 2006

EMERSON, RALPH WALDO: *The American Scholar*. 1837. https://archive.vcu.edu/english/engweb/transcendentalism/authors/emerson/essays/amscholar.html

EMERSON, RALPH WALDO: *Intellect*. 1841. https://archive.vcu.edu/english/engweb/transcendentalism/authors/emerson/essays/intellect.html

EMERSON, RALPH WALDO: *Self-Reliance*. 1841. https://archive.vcu.edu/english/engweb/transcendentalism/authors/emerson/essays/selfreliance.html

ENDLER, TOBIAS: *How to Be a Superpower. The Public Intellectual Debate on the Global Role of the United States after September 11*. 2012

ENDLER, TOBIAS: *Game Over. Warum es den Westen nicht mehr gibt*. 2020

FOLLETT, MARY PARKER: The New State. In: EISENACH, ELDON J.: *The social and political thought of American progressivism*. 2006a. S. 33-38

FOLLETT, MARY PARKER: Training Democratic Citizens. In: EISENNACH, ELDON J.: *The social and political thought of American progressivism*. 2006b. S. 105-111

FRIEDMAN, THOMAS L.: *The World is Flat. A Brief History of the Twenty-First Century*. 2005

FUKUYAMA, FRANCIS: The End of History? In: *The National Interest*, No. 16. 1989. S. 3-18

GESSEN, MASHA: *Autokratie überwinden*. 2020

GRESS, DAVID: *From Plato to NATO: The Idea of the West and its Opponents*. 1998

GUTMANN, AMY; DENNIS THOMPSON: *Democracy and Disagreement. Why Moral Conflict cannot be avoided in politics, and what should be done about it*. 1997

HAND, DAVID J.: *Die Macht des Unwahrscheinlichen. Warum Zufälle, Wunder und unglaubliche Dinge jeden Tag passieren*. 2015

HAUSER, MARC D.: *Moral Minds. How Nature Designed Our Universal Sense of Right and Wrong*. 2006

HOFSTADTER, RICHARD: The Paranoid Style in American Politics. In: *Harper's Magazine*. 1964. https://harpers.org/archive/1964/11/the-paranoid-style-in-american-politics/

HOLMES, STEPHEN: How Demorcracies Perish. In: SUNSTEIN, CASS R. (Hrsg.): *Can it happen here? Authoritarianism in America*. 2018. S. 387-427

KELLNER, DOUGLAS; JEFF SHARF: Critical Media Literacy: crucial policy choices for a twenty-first-century democracy. In: *Policy Futures in Education*, Volume 5, Number 1, 2007

KLEIN, EZRA: *Der tiefe Graben. Die Geschichte der gespaltenen Staaten von Amerika*. 2020

KLINGER, ULRIKE: Diskurskiller Digitalisierung? Warum das Internet nicht an allem schuld, aber trotzdem ein Problem ist. In: RUSS-MOHL, STEPHAN (Hrsg.): *Streitlust und Streitkunst. Diskurs als Essenz der Demokratie*. 2020. S. 48-65

KRUPA, MATTHIAS; JÖRG LAU: Konservative wollen, dass das Morgen genauso ist wie das Heute. Interview mit Edmund Fawcett. In: *Die Zeit*, 8.8.2021. https://www.zeit.de/2021/32/edmund-fawcett-konservativismus-politische-rechte-liberale-demokratie?utm_referrer=https%3A%2F%2Fwww.google.com%2F

LEBOWITZ, FRAN: *Social Studies*. 1981

LEVITSKY, STEVEN; DANIEL ZIBLATT: *How Democracies Die. What history reveals about our future*. 2018

LOBE, ADRIAN: US-Medien: Nach Trump ist vor Trump. In: *Medienwoche*. 18.1.2022. https://medienwoche.ch/2022/01/18/us-medien-nach-trump-ist-vor-trump/

LUFT, SUSAN: Media Literacy Is Critical. In: *Literacy Now*, 16.12.2016. https://www.literacyworldwide.org/blog/literacy-now/2016/12/16/media-literacy-is-critical

MALONE, CLARE: Dean Baquet never wanted to be an editor. In: *The New Yorker*, 18.2.2022. https://www.newyorker.com/news/the-new-yorker-interview/dean-baquet-never-wanted-to-be-an-editor?utm_source=onsite-share&utm_medium=email&utm_campaign=onsite-share&utm_brand=the-new-yorker

MATUSCHEK, MILOSZ: *Appell für freie Debattenräume. Intellectual Deep Web Europe*. September 2020

MAYER, J.P. (Hrsg.): *Alexis de Tocqueville: Über die Demokratie in Amerika*. Reclams Universal-Bibliothek 1986

MCWHORTER, JOHN: *Woke Racism: How a New Religion has Betrayed Black America*. 2021

MIHAILIDIS, PAUL; BENJAMIN THEVENIN: *American Behavioral Scientist*. 2013

MILLS, C. WRIGHT: *The Power Elite*. 1956

MOUNK, YASCHA: *Das große Experiment: Wie Diversität die Demokratie bedroht und bereichert*. 2022

MÜLLER, JAN-WERNER: Sozialismus: Eine amerikanische Tradition? In: *Deutschlandfunk*. 23.10.2016. https://www.deutschlandfunk.de/praesidentschaftswahlen-in-den-usa-3-4-sozialismus-eine-100.html

NEUMANN, FRANZ (Hrsg.): *Handbuch politische Theorien und Ideologien, Band I*. 1998

PINKER, STEVEN: *Enlightenment Now. The Case for Reason, Science, Humanism, and Progress*. 2018

POSTEL, CHARLES: What We Talk about When We Talk about Populism. In: *Raritan*, Vol. 37, No.2. 2017

ROZADO, DAVID; MUSA AL-GHARBI; JAMIN HALBERSTADT: Use of ›sexist‹ and ›racist‹ in the New York Times increased over 400% since 2012. Why? In: *The Guardian*. 26.2.2022. https://www.theguardian.com/commentisfree/2022/feb/26/media-news-article-shift-discourse-language

RUSS-MOHL, STEPHAN: *Die informierte Gesellschaft und ihre Feinde. Warum die Digitalisierung unsere Demokratie gefährdet.* 2017

RUSS-MOHL, STEPHAN: *Streitlust und Streitkunst. Diskurs als Essenz der Demokratie.* 2020

SACK, DETLEF: Partizipation. In: DAGMAR COMTESSE; OLIVER FLÜGEL-MARTINSEN; FRANZISKA MARTINSEN; MARTIN NONHOFF: *Radikale Demokratietheorie. Ein Handbuch.* 2020. S. 671-680

SCHMIDT, MANFRED G.: *Demokratietheorien. Eine Einführung.* 2000.

SCHURZ, CARL: »True Americanism«. In: BANCROFT, FREDERIC (Hrsg.): *Speeches, Correspondence and Political Papers of Carl Schurz.* 1913

SEHL, ANNIKA: Öffentlich-rechtlicher Rundfunk - Überholt oder wichtiger denn je? In: RUSS-MOHL, STEPHAN (Hrsg.): *Streitlust und Streitkunst. Diskurs als Essenz der Demokratie.* 2020. S. 303-317

SIENA COLLEGE RESEARCH INSTITUTE: »84% Say Americans being Afraid to Exercise Freedom of Speech is a Serious Problem«. In: *Siena College Research Institute*, https://scri.siena.edu/2022/03/21/84-say-americans-being-afraid-to-exercisefreedom-of-speech-is-a-serious-problem/ [21.3.2022]

SLAUGHTER, ANNE-MARIE: *The Idea that is America. Keeping Faith with our vales in a dangerous world.* 2007

SOLTAU, HANNES: Unsinnigkeit eines Kampfbegriffs: Das Reden über »Wokeness« hilft nicht weiter. In: *Der Tagesspiegel*, 1.7.2021. https://plus.tagesspiegel.de/unsinnigkeit-eineskampfbegriffs-das-reden-ueber-wokeness-hilft-nicht-weiter-174426.html

SOMBART, WERNER: *Warum gibt es in den Vereinigten Staaten keinen Sozialismus?* 1906. https://archive.org/details/warumgibtesindeno0somb/page/8/mode/1up

STADTLICH, SINJE: Die ›New York Times‹ auf digitalem Erfolgskurs«. In: *Deutschlandfunk*, 30.11.2020. https://www.deutschlandfunk.de/online-strategie-die-new-york-times-auf-digitalem-100.html

SUNSTEIN, CASS R. (Hrsg.): *Can it happen here? Authoritarianism in America*. 2018

SUROWIECKI, JAMES: *Die Weisheit der Vielen. Warum Gruppen klüger sind als Einzelne und wie wir das kollektive Wissen für unser wirtschaftliches, soziales und politisches Handeln nutzen können*. 2017

VEBLEN, THORSTEIN: *The Theory Of The Leisure Class. An Economic Study of the Evolution of Institutions*. 1899

WALDMAN, STEVE: Our local-news situation is even worse than we think. In: *Columbia Journalism Review*, 25.2.2022. https://www.cjr.org/local_news/local_reporters_decline_coverage_density.php?mc_cid=56e107b060

WALZER, MICHAEL: *What does it mean to be an American?* https://eportfolios.macaulay.cuny.edu/vellon2012/files/2012/01/walzer-what-is-american.pdf

WEST, CORNEL: *Democracy Matters. Winning the Fight against Imperialism*. 2004

WILLIAMS, THOMAS C.: A Letter on Justice and Open Debate. In: *Harper's Magazine*, 7.7.2020. https://harpers.org/a-letter-on-justice-and-open-debate/

YGLESIAS, MATTHEW: The Great Awokening. In: *Vox*. 1.4.2019. https://www.vox.com/2019/3/22/18259865/great-awokening-white-liberals-race-polling-trump-2020

ZINN, HOWARD: *A People's History of the United States*. 1980

Schriften zur Rettung des öffentlichen Diskurses

PETER SEELE
Künstliche Intelligenz und Maschinisierung des Menschen
2020, 200 S., 190 x 120 mm, dt.
ISBN 78-3-86962-512-6

MICHAEL MÜLLER
Politisches Storytelling.
Wie Politik aus Geschichten gemacht wird
2020, 168 S.,
Broschur, 190 x 120 mm, dt.
ISBN 978-3-86962-499-0

STEPHAN RUSS-MOHL (Hrsg.)
Streitlust und Streitkunst.
Diskurs als Essenz der Demokratie
2020, 472 S.,
Broschur, 190 x 120 mm, dt.
ISBN 978-3-86962-552-2

STEPHAN RUSS-MOHL /
CHRISTIAN PIETER HOFFMANN (Hrsg.)
Zerreißproben.
Leitmedien, Liberalismus und Liberalität
2021, 256 S.,
Broschur, 190 x 120 mm, dt.
ISBN 978-3-86962-535-5

MARCO BERTOLASO
Rettet die Nachrichten!
Was wir tun müssen, um besser informiert zu sein
2021, 358 S.,
Broschur, 190 x 120 mm, dt.
ISBN 978-3-86962-493-8

ISABELLE BOURGEOIS
Frankreich entschlüsseln.
Missverständnisse und Widersprüche im medialen Diskurs
2022, ca. 270 S., Broschur,
190 x 120 mm, dt.
ISBN 978-3-86962-643-7

TOBIAS ENDLER
Demokratie und Streit.
Der Diskurs der Progressiven in den USA: Vorbild für Deutschland?
2022, 208 S., Broschur,
190 x 120 mm, dt.
ISBN 978-3-86962-645-1

HERBERT VON HALEM VERLAG
Boisseréestr. 9-11 · 50674 Köln
http://www.halem-verlag.de
info@halem-verlag.de

Schriften zur Rettung des öffentlichen Diskurses

STEPHAN RUSS-MOHL /
CHRISTIAN PIETER HOFFMANN (Hrsg.)

**Zerreißproben.
Leitmedien, Liberalismus und
Liberalität**

*Schriften zur Rettung des öffentlichen
Diskurses*, 4
2021, 256 S., Broschur, 190 x 120 mm, dt.
ISBN (Print) 978-3-86962-535-5
ISBN (PDF) 978-3-86962-538-6
ISBN (ePub) 978-3-86962-532-4

Liberale Werte werden öffentlich gefeiert – und vehement bekämpft. Die öffentliche Debatte ist bunter denn je – und bedroht durch Intoleranz und Diskursverweigerung. Wie steht es also um Liberalismus und Liberalität im öffentlichen Diskurs? Sie stehen unter Druck und sind Zerreißproben unterworfen: Neoliberalismus, Identitätspolitik, Corona-Krise. Im Mittelpunkt dieser Zerreißproben stehen immer wieder die Medien. Doch was wissen wir über das Verhältnis von Leitmedien, Liberalismus und Liberalität? Wie wird über liberale Anliegen oder Parteien berichtet? Wie sehen und empfinden Journalisten ihr Verhältnis zum Liberalismus – und die Liberalität des Berufsfelds?

Die Autoren dieses Bandes erkunden Antworten auf diese Fragen.

HERBERT VON HALEM VERLAG
Boisseréestr. 9-11 · 50674 Köln
http://www.halem-verlag.de
info@halem-verlag.de

Schriften zur Rettung des öffentlichen Diskurses

STEPHAN RUSS-MOHL (Hrsg.)

**Streitlust und Streitkunst.
Diskurs als Essenz der
Demokratie**

*Schriften zur Rettung des öffentlichen
Diskurses*, 3
2020, 472 S., Broschur, 190 x 120 mm, dt.

ISBN (Print)   978-3-86962-552-2
ISBN (PDF)   978-3-86962-553-9
ISBN (ePub)   978-3-86962-555-3

Zuletzt die Corona-Pandemie, davor die Klimakatastrophe und die Migrationskrise – die öffentliche Diskussion polarisiert sich, sie wird schriller und der Umgangston rauer, ja oftmals unerträglich. Auf der Strecke bleiben Streitlust, Streitkunst und Diskurse, die in der Tradition der Aufklärung nach tragfähigen politischen Kompromissen in unseren Demokratien suchen.

Im vorliegenden Band leuchten Experten und Querdenker am Beispiel verschiedener Themenfelder aus, ob und inwieweit es in der Aufmerksamkeitsökonomie und als Folge der Digitalisierung Diskursversagen gibt. Welche Schäden entstehen dadurch dem Gemeinwesen? Und was lässt sich tun, um zivilgesellschaftliche Diskurse als Ringen um Problemlösungen wiederzubeleben?

Der Reader ist als Einführungsband in die *Schriften zur Rettung des öffentlichen Diskurses* konzipiert.

 HERBERT VON HALEM VERLAG
Boisséestr. 9-11 · 50674 Köln
http://www.halem-verlag.de
info@halem-verlag.de

Journalismus

MATTHIAS DANIEL / STEPHAN WEICHERT
(Hrsg.)

**Resilienter Journalismus.
Wie wir den öffentlichen Diskurs
widerstandsfähiger machen**

2022, 344 S., 6 Abb., Broschur,
213 x 142 mm, dt.

ISBN (Print) 978-3-86962-630-7
ISBN (PDF) 978-3-86962-631-4
ISBN (ePub) 978-3-86962-632-1

In den jüngsten Krisenzeiten ziehen sich viele Menschen – gestresst von ihrer Mediennutzung – aus dem öffentlichen Diskurs zurück.

Hier soll dieses Buch abhelfen. Trotz Medienkritik ist es konstruktiv angelegt, macht sich mit 40 klugen Positionen für einen widerstandsfähigen Journalismus stark und reflektiert dessen Potenziale und Probleme. Es geht um journalistisches Engagement gegen die Klimakrise, neue Spielarten des Lokaljournalismus, den Dialog mit dem Publikum und mehr. Die Beiträger sind Medienprofis, journalistische Gründer, Nachwuchstalente, Autodidakten, Wissenschaftler und Führungskräfte.

Dieses Buch richtet sich an alle Medienschaffenden und -nutzer, die sich fragen, wie wir den Journalismus – und mit ihm den öffentlichen Diskurs – robuster, resilienter machen können.

HERBERT VON HALEM VERLAG

Boisseréestr. 9-11 · 50674 Köln
http://www.halem-verlag.de
info@halem-verlag.de